演讲是一种常用的沟通方式，焦虑是一种常有的情绪反应。两者相遇，不是偶然的，而是必然的。如何让它们在我们身上和谐起来，需要一定的学习和锻炼……

——作者

再见，演讲焦虑

七天控制你的公众演讲焦虑

GOODBYE PSA

Control Your Public Speaking Anxiety in Seven Days

李超 亚然 著

上海交通大学出版社
SHANGHAI JIAO TONG UNIVERSITY PRESS

内容提要

本书是“演讲焦虑短程治疗”的工具书。7个模块通过7天的时间展开，便于循序渐进的理解与掌握；7个训练项目采用瀑布法推进，利于训练结果的强化与巩固。

七天控制你的公众演讲焦虑，包括克服公众演讲焦虑的理论、技术和家庭作业，这是一条在理论模型和训练实践上得到验证的科学方法。本书是国内首部“演讲焦虑系统治疗”的科普教材，是你控制“公众演讲焦虑”不可或缺的身边“教练”。

图书在版编目(CIP)数据

再见，演讲焦虑：七天控制你的公众演讲焦虑/李超，亚然著.
—上海：上海交通大学出版社，2014
ISBN 978-7-313-11700-7

Ⅰ. ①再... Ⅱ. ①李... ②亚... Ⅲ. ①演讲-焦虑-自我控制-通俗读物
Ⅳ. ①H019-49

中国版本图书馆CIP数据核字(2014)第145394号

再见，演讲焦虑：七天控制你的公众演讲焦虑

著　　者：李超　亚然
出版发行：上海交通大学出版社　　地　　址：上海市番禺路951号
邮政编码：200030　　电　　话：021-64071208
出 版 人：韩建民
印　　制：常熟市文化印刷有限公司　　经　　销：全国新华书店
开　　本：710mm×1000mm 1/16　　印　　张：11.75
字　　数：112千字
版　　次：2014年7月第1版　　印　　次：2014年7月第1次印刷
书　　号：ISBN 978-7-313-11700-7/H
定　　价：32.00元

控制讲演的焦虑，
做个演讲自信者；
它不是概率事件，
是你的一种选择；
它不是能等来的，
而是要你去成就。

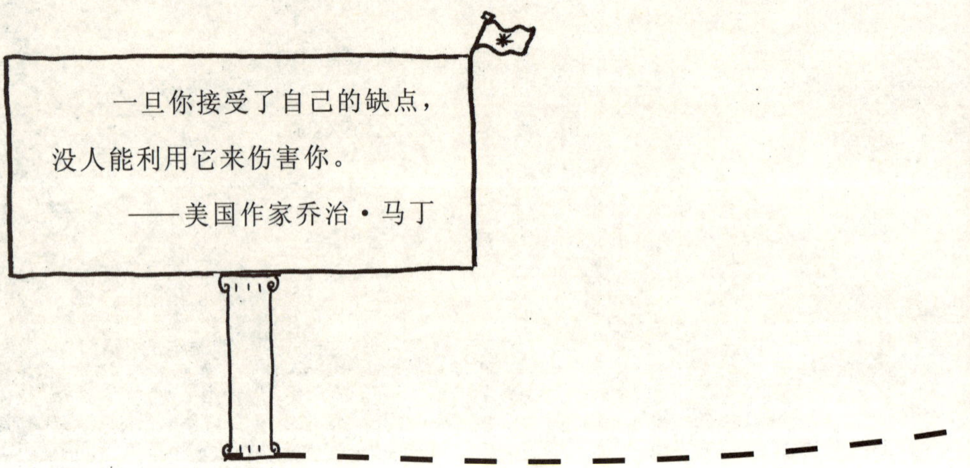

敢于面对问题，是解决问题的开始

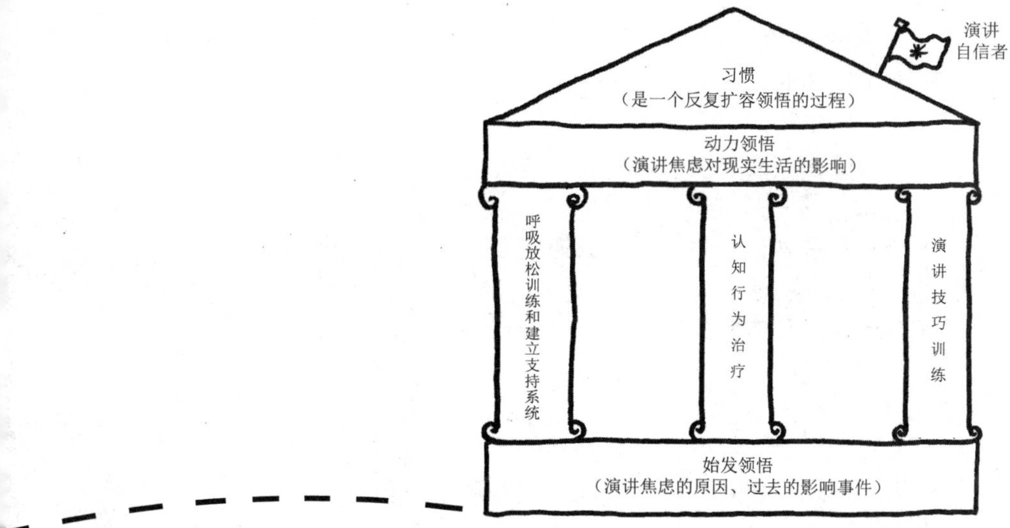

“演讲焦虑治疗屋™”，这一科学的训练体系是演讲焦虑问题的终结

你是演讲焦虑者吗？

当要求你做演讲时，你会逃避吗？

当你想到要做演讲时，你感觉到自己心慌或出汗吗？

当你起立去做公众讲话时，你感觉到自己的手或腿发抖吗？

在你演讲过程中，到嘴边的下一个词，你会发不出声音吗？

如果你的回答是，那么你可能有公众演讲焦虑。

目录

导读

分享一个小安的故事。

“我叫小安，初中时代，我的学习成绩出类拔萃，还很会玩，私底下和同学们相处交流得非常好，是学校的优秀学生。但我有个难言的短板，就是不敢在正式场合讲话，就是上课当众回答问题心里什么都会，嘴上也磕磕巴巴。我的这一切，一直被认为是害羞或者是内向。有一次由于成绩优异，老师提名我当班长，虽然那是我梦寐以求的，但被我拒绝了，因为我害怕主持班会，我不敢当众讲话。”

“后来，我以高分考入一所重点高中。在众多优秀学生中，我也渴望有机会展示自己，但又时刻担心自己在公众讲话方面的问题。至今我清晰地记着一个难忘的场面。一次英语课上，老师让每一个英语满分的同学朗读一段英语课文，轮到我时，一股莫名的紧张甚至是恐惧袭面而来，尽管这段课文私底下我已背得滚瓜烂熟，但这次课堂上却读得结结巴巴，有些地方甚至张不开嘴，读不下去……。这次经历让我无地自容，我甚至怀疑自己是个口吃。从此我会找各种借口逃避上课回答问题、逃避在公众场合讲话。后来这种紧张焦虑蔓延到了我的日常生活，一想起来，就有一种无法呼气的紧张，由此，我也错过了许多展示自己的机会。”

“在高中的最后一年，我选择了心理治疗，李老师运用他独特易懂的方法帮助我正确认识焦虑，用脸谱焦虑尺子形象地测量我的焦虑程度，示范呼吸放松，指导我进行逐级暴露训练。治疗中最让我难忘是‘演讲焦虑治疗屋’、瀑布训练法和治疗三要素（专业的教练、积极的鼓励、做好演讲的欲望）。治疗的全过程环环相扣，并遵循循序渐进的原则。经过一段时间的治疗，感觉到自己的焦虑逐渐减轻，熟悉并掌握了控制演讲焦虑的系列技巧，使我重新找回了演讲的自信。在高中的最后学期，我能够在课堂上自信地回答问题，可以当众分享学习心得。最终考入自己的理想大学。”

小安的故事告诉有公众演讲焦虑的朋友，面对演讲焦虑，你并不孤单，这个问题能够解决。通过学习理论、技术，并进行一系列科学训练，将会帮助你翻开自信生活的新篇章。

首先，明确告诉你，你能够控制公众演讲焦虑；

其次，本书能够帮你控制公众演讲焦虑；

本书的目的就是，七天帮你控制公众演讲焦虑。

有公众演讲焦虑的朋友，请相信你能够控制公众演讲焦虑。

因为你已具备克服公众演讲焦虑的三要素：专业的教练、积极的听众和练好演讲的欲望。

这本书为你提供专业的技术指导，包括克服公众演讲焦虑的理论技术、训练方法和家庭作业，这是一套在理论模型上和训练实践上得到验证的科学方法，它是你控制公众演讲焦虑不可缺失的身边教练。家庭作业部分采用瀑布式训练法，即每天增加一个项目，循序渐进地提高训练水平。在七天集中学习训练后，你可以利用工具箱和学到的理论技术继续在今后的生活中独立处理演讲焦虑，最终帮助你成为自己的治疗师。另外本书的网站 www.goodbyepsa.com 会提供更多的信息帮助你。

积极的听众是克服公众演讲焦虑的重要因素，你的家庭成员是支持系统的重要组成，你的听众就在你身边，他们将会无条件的关注和支持你的练习，他们是你演讲的难得陪练员。

擅长演讲的人，上班时他们往往侃侃而谈，妙语连珠，但下班后却疲惫不堪，连一句话都不愿意说，他们患有“下班沉默症”。而你正相反，上班时默默无言的你，要充分利用下班时间在家里练习你的演讲，这是你克服演讲焦虑的重要时段和场合。强烈的做好演讲的欲望，是其他人无法比拟的。

朋友，展开你的想象：讲台已经为你搭好，专业的教练和积极的听众已经各就各位，练好演讲的欲望是你强大的动力，相信经过七天的科学强化训练，你也能做精彩的演讲。心动更需行动，第一天学习训练将是开创性的，良好的开始是成功的一半，请享受你的学习训练之旅。

认识公众演讲焦虑

“人无远虑，必有近忧”，

焦虑并不是一无是处

请思考

- 公众演讲焦虑只是个别人的问题吗？
- 焦虑都是负面的情绪反应吗？
- 演讲焦虑和演讲恐惧一样吗？

一、你可能不知道的事实

调查研究

对于我们大多数人来说，最害怕的事情什么？

一项调查研究显示：公共演讲位列人类害怕的事情第一位，而我们常提到的“怕死”则屈居第五位。

关于公众演讲焦虑更多的调查研究如下：

- 一项调查显示：在演讲课上，75%的学生有演讲焦虑的表现。
- 即使熟练的演讲者，在演讲前也有些紧张。
- 演讲紧张不仅是正常的，而且有时是有益的。
- 一定的紧张焦虑可以提高我们演讲时的表现。
- 有经验的演讲者和我们普通人的区别在于：不是他们没有紧张焦虑，而是他们善于控制这些焦虑，而不是抗拒、摆脱焦虑。同时有经验的演讲者掌握有一定的技巧来从容应对和降低自己的紧张。
- 演讲焦虑的体验（表现）多种多样，在程度维度上，从轻微的不安到恐惧再到惊恐；在时间维度上，有间断性和持续性。
- 你可能不理解，头昏眼花、心悸，麻木或刺痛，还有呼吸困难等感觉都可能是焦虑引起的。而部分人常把这些症状同身体健康联系起来。

美国人日常生活中的十大恐惧

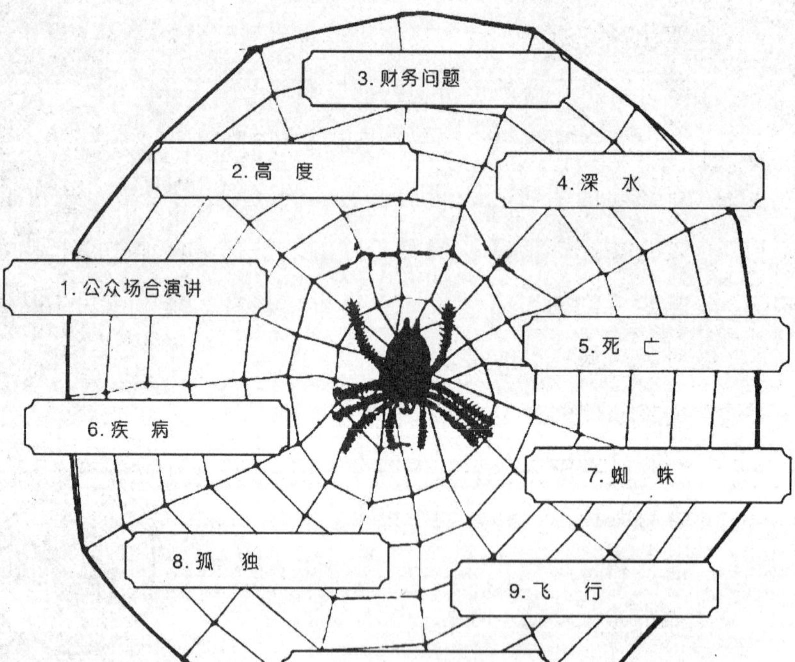

调查数据

美国Bruskin研究报告显示：美国人第一位恐惧的事情是公众演讲。

这是项追踪研究，1973年和1993年的两次研究对照显示，公众演讲恐惧的比率上升了5%。

Bruskin 研究报告

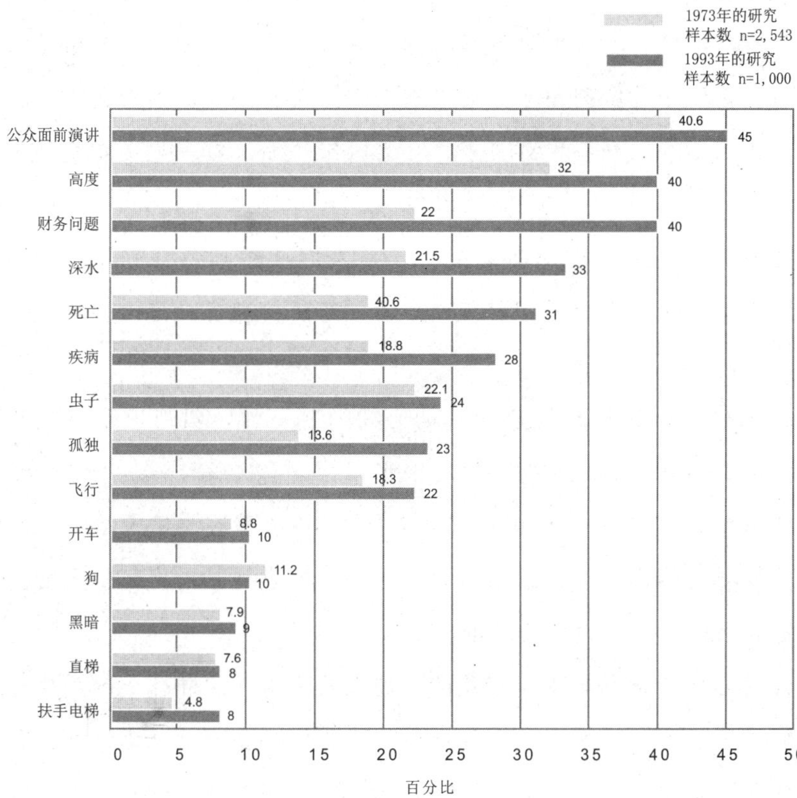

概念与区别

公众演讲焦虑和公众演讲恐惧，指的是个体在预期经历真实或想象的公众场合演讲的过程中，所引起或体验的一系列身心不适的感觉或行为表现。

它不同于演出性质的舞台恐惧，也不同于普通社交活动中与人沟通的恐惧，它是非广泛性社交焦虑中的特定症状之一，它指的是面对公众群体讲话时的焦虑或恐惧。

公众演讲焦虑和公众演讲恐惧也有细微的差别。公众演讲焦虑是对尚未发生的、未来的公众演讲的一种威胁反应。而公众演讲恐惧则是对演讲现场的威胁反应。前者不一定有刺激源，而后者通常有具体的威胁的环境。两者也有交集，互为因果关系。本书把两者统称为演讲焦虑。

正常人的焦虑，也叫焦虑情绪，是人们预感到某种危险或痛苦境遇即将发生时的一种适应反应或生物学的防御现象，是一种复杂的综合情绪。

焦虑症是一种病理性焦虑，是一种控制不住，没有明确对象或内容的恐惧，其威胁与焦虑的程度很不相符。

本书讲的焦虑是指焦虑情绪，是一种超出正常的焦虑情绪，是一种与处境不相称的痛苦情绪体验，它的典型表现是对没有确定的客观对象和具体的观念内容的提心吊胆。

焦虑是人类最基本的情绪反应，是人对危险或威胁作出的反应，当我们处于心理压力状态，受到刺激时，我们都会出现焦虑情绪。正常的焦虑情绪能够帮助我们面对突发的事件。焦虑有它的功能，例如战斗－逃跑反应。

即时或短期的焦虑称为战斗—逃跑反应。

焦虑的首要目的是对我们肌体的保护，当面对某些致命的危险和威胁时，一种自发的本能反应就会启动，使我们采取紧急行动，要么和危险抗争，要么逃跑。

战斗—逃跑反应是人的本能，当人类的祖先还生活在山洞里的时候，遇到老虎等危险时，为了生存，马上采取行动是至关重要的，能跑则快跑，无处可逃时会拼死一搏。

其发生的机理：人经历威胁的两秒钟内人体会发生一系列变化，人体会释放一种叫作肾上腺素的化学物质到血液中。肾上腺素给你一股强大的力量，并在体内产生许多其他的变化。这些变化为你采取快速的行动（战斗或逃跑）做准备。比如，你的呼吸加快，运输更多的氧气到细胞中，以便为肌肉提供更多的能量；你的心跳加快，使流到肌肉和其他器官的血液流动加速，以便有更多的血液为你的胳膊和大腿所用；双眼的瞳孔放大，使你能看得更清楚。这些变化会让你要么与恐惧战斗，要么马上逃跑，我们形象地把这种反应形容为“战斗—逃跑”反应。

在现实世界里，“战斗—逃跑”反应是一种必要的自我保护机制。

小安在穿过马路时，突然听到一声鸣笛，一辆车疾驰而来。如果小安完全感觉不到一点焦虑，他就有可能由于规避动作不及时而被撞飞。正常情况下，小安的战斗-逃跑反应机制就会启动，提醒自己赶快躲开车辆，保证自己的安全。

小安的故事说明，焦虑的情绪反应对肌体是一种保护，而不是伤害。

适当的焦虑可以帮助机体协调更多的能量；帮助思想更加集中；帮助我们感官更加敏锐。但是，过度的焦虑会导致身体反应的失调，这时侯的焦虑情绪就弊大于利。

二、你需要明白的道理

演讲焦虑的症状表现

适度的演讲焦虑不仅不影响演讲的发挥，反而会提高演讲的质量。但是，当焦虑过于强烈，发生的过于频繁，或者干扰了肌体的日常工作时，焦虑就成为一个问题。

生理和行为的表现	• 心跳加速，面红耳赤 • 膝盖发抖，甚至无法起身走向讲台 • 声音颤抖，发音不准，声音过大或过小，常常伴随唾液增多或嗓子发紧发干现象 • 轻微的眩晕感 • 胃肠不适，有时感到恶心 • 换气过度，可能会不由自主地进行深呼气 • 流泪 • 四肢颤抖或僵硬
语言和思维的表现	• 思维堵塞：讲演者突然会哑口无言或无话可说 • 言语重复：不断重复某个词、句子等信息 • 语无伦次，说话磕绊 • 突然失去记忆：大脑一片空白，可能忘记某些事实和数据，甚至遗漏掉一些非常重要的信息
情绪和情感的表现	• 感到情绪无法控制 • 恐惧：尤其在开始演讲的时候 • 情绪过于激动 • 感觉大脑和身体不受控制 • 感觉很无助 • 感觉声音似乎不是从自己身体里发出来的 • 感觉自己一无是处 • 讨厌自己 • 感觉很尴尬 • 极度焦虑 • 发言之后产生耻辱感

情绪产生的三系统模型

从心理学角度，人的情绪由三个系统相互作用产生：

认知：想什么（例如：认识、想象、思考等）。

行为：做什么（例如：动作、行动）。

生理：机体的反应，具体是身体内部的生理反应和状态（例如：血压、心率、血糖、氧水平、激素水平等）。

这三个系统共同作用发生情绪反应。

情绪产生的模型图示

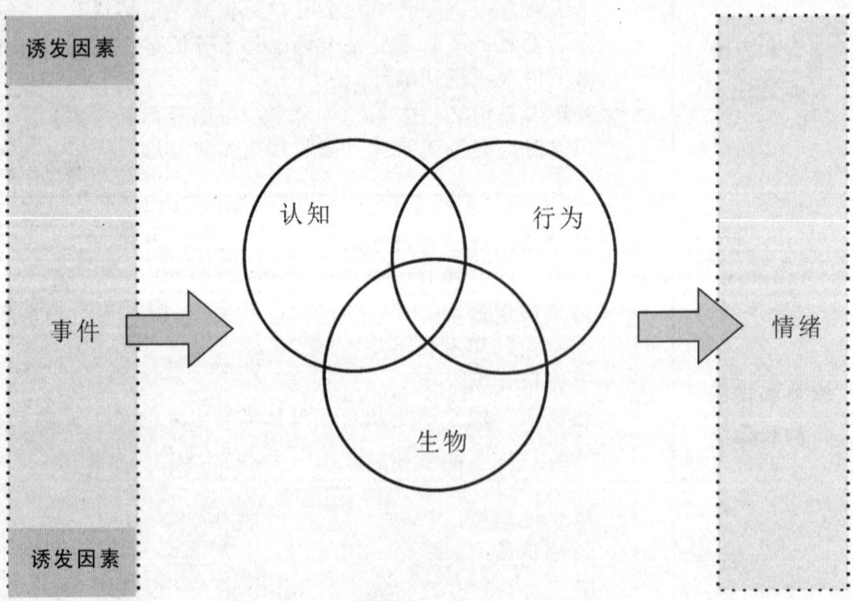

演讲焦虑的三系统作用

当要做一次演讲时，下面的三种因素互相作用使你产生演讲焦虑。

- 用过于消极或妥协的方式解释它（认知系统），例如：自己认为缺乏演讲的经验，我会讲不好。

- 逃避而不是面对它（行为系统），例如：由于时间原因，我就不讲啦；我有事就不参加这次会议啦。

- 身体内部的化学物质失去平衡（生理系统），例如由于演讲焦虑导致过度换气，这会造成身体的酸碱失衡，引起身体一系列的生理反应。

演讲焦虑诱发的因素：

- 缺乏演讲的经验
- 有过负面的演讲体验
- 感觉比较敏感
- 认为自己成为听众注意的焦点

关于演讲焦虑三系统模型的比喻：

演讲焦虑就像演讲者被篝火包围的情境。这篝火由三个大的木头（燃料）组成：

认知燃料——例如负性想法：如果讲不好，自己会出丑；如果讲错，自己无法见人；

行为燃料——例如演讲时回避，甚至逃跑；

生理燃料——例如演讲焦虑时的换气过度。

每一次的负面想法，都是为自己的焦虑增添了“燃料”。

每一次的逃避，也是为自己下一次的更加焦虑找到“燃料”。

不能合理的换气，也会为焦虑火上浇油。

三、你必须要做的

如何釜底抽薪解决问题

上面的举例形象地把演讲焦虑比喻成讲者被篝火包围，烤的演讲者心神不宁。那么如何科学有效地应付这种困境？

釜底抽薪是解决问题的关键。

• 首先减少行为燃料

不要回避，更不要临阵逃跑。面对演讲焦虑这把火要勇于面对，相信自己能学习一套科学的方法解决自己的问题。

• 其次减少生理燃料

克服过度换气，取而代之，用深呼气让自己稳定下来。

• 最后是减少认知燃料

认知燃料就是指负性想法，例如如果讲不好，自己会出丑；如果讲错，自己无法见人。要清除头脑中的这些消极 / 灾难性的想法（认知燃料），用积极的自我暗示和积极的鼓励去取代消极的想法。

通过减少这三种燃料，不仅帮助演讲焦虑者逐步摆脱演讲焦虑的困境（火烧），而且避免出现死灰复燃式的复发，这是治标治本的策略。

面对公众演讲，演讲者心跳加快、脸红、出汗等都是一般的生理反应，并不危险，这些反应在达到顶点后（约五分钟）会逐步消退。

控制演讲焦虑首先从生理系统入手

在演讲焦虑时，呼气频率的加快是你身体反应的一部分，加快的呼吸主要是为了让身体获得更多的氧并排除应付焦虑所产生的过量二氧化碳，是为肌体准备做剧烈活动（战斗－逃跑反应）所做的应激贮备。但实际上，我们在焦虑时并未作出大量的运动和活动（只是思维和情绪做剧烈的活动）。这样造成血中氧含量增高，二氧化碳浓度降低，进而会出现碱中毒的症状，其原理图如下：

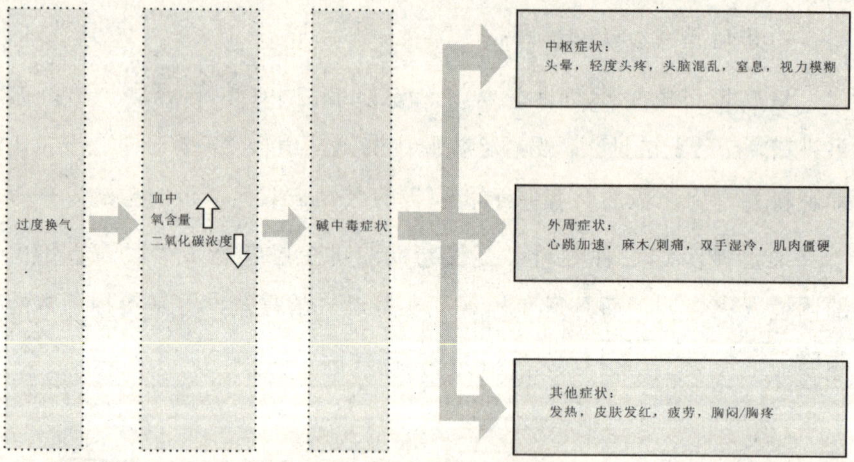

过度换气和肌肉紧张是演讲焦虑的躯体（生理）感觉的主要原因。控制演讲焦虑首先要学习降低焦虑的躯体感觉技术，所以掌握合适的呼气类型和频率以及合适的放松技术，这是控制演讲焦虑的重要技术。

减慢呼吸练习（腹式呼气技术）

腹式呼气的练习步骤	技 巧
第一步： 将一只手放在你的腹部（肚脐以上），另一只手放在胸部	• 可取随意的姿势，仰卧、静坐、站立均可。卧或站双脚适度分开，双眼轻闭。
第二步： 屏住呼吸，并且数到 5。当你数到 5 时，开始呼气，同时对自己说“放松”	• 压缩小腹将气由口中快速吐出，直到感觉腹部已快贴到后腰为止。
第三步： • 通过你的鼻子缓慢吸气，约 3 秒，同时对自己说“放松”； • 随后通过嘴呼气，约 3 秒	• 吸气时放在腹部的手被推起。呼气时，放在腹部的手感觉是内移。
第四步： 一次吸气和一次呼气是一个循环，每 6 秒一个循环（呼气和吸气各 3 秒）	• 随着呼吸，肚子要有起伏，即吸气时肚子是外凸的，呼气时肚子是内凹的。
第五步： 一分钟后（约 10 次呼吸），再次屏住呼吸 5 秒，然后进行到下一轮呼吸	• 每次练习 3 ～ 5 分钟，过度换气的症状会消失。

腹式呼吸图示

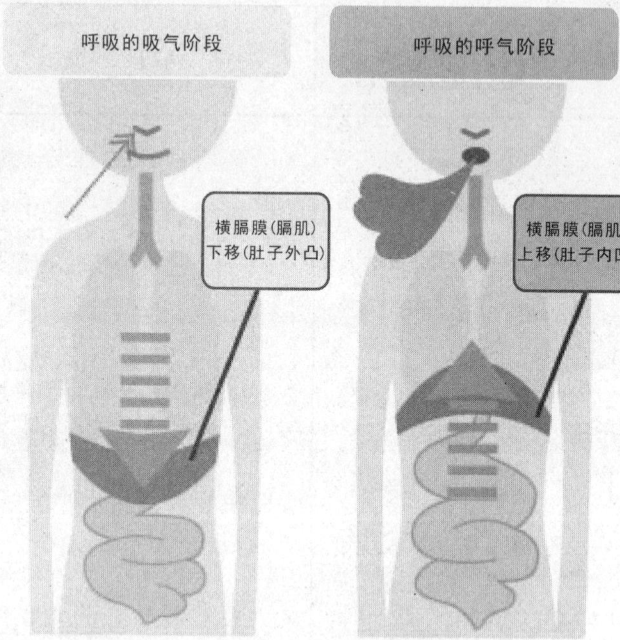
呼吸的吸气阶段
横膈膜(膈肌)
下移(肚子外凸)
呼吸的呼气阶段
横膈膜(膈肌)
上移(肚子内凹)

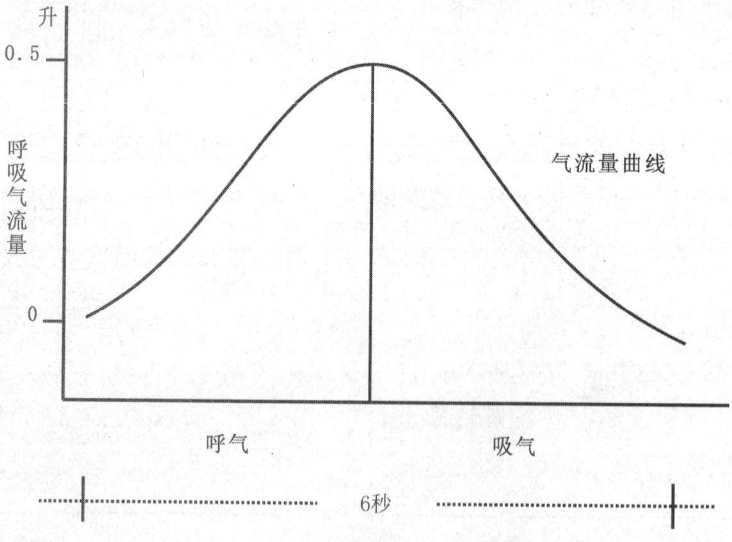
升
0.5
呼吸气流量
0
气流量曲线
呼气
吸气
6秒

减慢呼吸练习的提示：

• 找一个你不容易被打扰且安静舒适的地方进行腹式呼吸练习。腹式呼吸的技术能够帮助你有效地控制呼吸的节奏。经过反复的训练后，你就能够在任何场合、任何时间做腹式呼吸，并能减慢自己的呼吸，从而缓解焦虑。

• 当你做这个练习时，要清除自己脑子里的其他任何想法，将注意力集中到你的呼吸上。

• 焦虑常常会打乱你的呼吸模式，这就要求你强化呼吸练习，用有节奏的腹式呼气对抗焦虑的影响。

• 腹式呼吸也是放松技术的基础。

放松技术

放松练习可以在焦虑的时候做，练习的早期阶段，为了抵消紧张和帮助维持放松状态，每天需要至少要做 3 ～ 5 次。随着焦虑逐渐较少，你可以减少练习的次数。

当你坐在一个公共场合

⑴ 双腿收拢在一起，手放在膝盖上，做腹式吸气并保持 7 秒（倒数 7）。

⑵ 保持吸气的同时，小腿往上提，大腿往下压（注意，只是肌肉的伸拉，腿并未移动），使腿部的肌肉僵直。

⑶ 7 秒后，慢慢呼气并且对自己说放松，同时让所有肌肉都放松，这时可以闭上眼睛或注视墙上的某一点。

⑷（准备下一组动作）做腹式吸气并保持 7 秒（倒数 7）。

⑸ 保持吸气的同时，你的双手和手臂向外拉膝盖，而膝盖抵抗着向内拉，使腿部的肌肉紧张。

⑹ 7 秒后，慢慢呼气并且对自己说放松，同时让所有肌肉都放松。

⑺（准备下一组动作）做腹式吸气并保持 7 秒（倒数 7）。

⑻ 保持吸气的同时，你的双手移到大腿的下面，并且努力向上提，而大腿则抵抗着向下拉，使腿部的肌肉紧张。

⑼ 7 秒后，慢慢呼气并且对自己说放松，同时让所有肌肉都放松。

⑽ 重复练习这三组放松动作。

放松技术

当你站在一个公共场合

⑴ 做腹式吸气并保持 7 秒（倒数 7）。

⑵ 双手放在背后相握、伸直，用力向身体方向拉，手臂向外抵抗。同时绷紧大腿，使所有的肌肉同时紧张。

⑶ 7 秒后，慢慢呼气并且对自己说放松，同时让所有肌肉都放松，这时可以闭上眼睛或注视墙上的某一点。

⑷ 重复练习。

当你坐在或躺在自己的房间

⑴ 向前伸直手臂和大腿，使全身的肌肉僵直。

⑵ 做腹式吸气并保持 7 秒（倒数 7）。

⑶ 7 秒后，慢慢呼气并且对自己说放松，同时让所有肌肉都放松，这时可以闭上眼睛或注视墙上的某一点。

⑷ 重复练习。

放松技术采用的是交互抑制的原理。交互抑制原理是指用一种情绪状态去阻断另一种情绪，比如，焦虑和放松是不可能同时存在的。如果我们能够使一个在公众场合的演讲者感到放松，那么焦虑和恐惧的反应将被抑制。

控制演讲焦虑的关键是放松，掌握放松技术至关重要。

翘翘板的道理类似交互抑制原理，放松和焦虑两种状态不可能同时出现，一方的出现会抑制另一方。交互抑制原理的更多介绍参阅第四天的暴露治疗相关内容。

四、你的家庭作业

(1) 进行腹式呼吸练习，并把练习前后情绪焦虑程度在相应的记录表中打分。

(2) 进行放松练习，并把练习前后情绪焦虑程度在相应的记录表中打分。

学习呼吸和放松技术，就像练习骑自行车一样，除基本的技能学习外，日复一日的反复的实践练习是关键，目的是达到随时随地可以放松自己。

1. 呼吸练习及记录

目标

减慢呼气节奏
减轻焦虑

时间

晨练加晚练

材料

呼吸练习记录表

进行晨练和晚练，在开始练习之前和完成练习之后，用下面“呼吸练习记录表”记录你的焦虑情况（分值），通过量化你的焦虑情况，帮助你控制呼气练习进度。

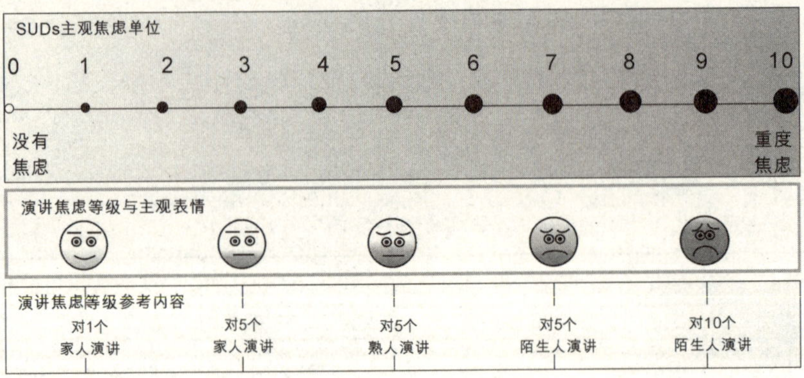

呼吸练习记录表

	晨练		晚练	
	之前的焦虑	之后的焦虑	之前的焦虑	之后的焦虑
第一天				
第二天				
第三天				
第四天				
第五天				
第六天				

2. 放松练习及记录

目标

对抗焦虑

时间

晨练加晚练

材料

放松练习记录表

进行晨练和晚练，开始练习之前和完成练习之后，用下面“放松练习记录表”记录你的焦虑情况（分值），通过量化你的焦虑情况，帮助你控制放松练习进度。

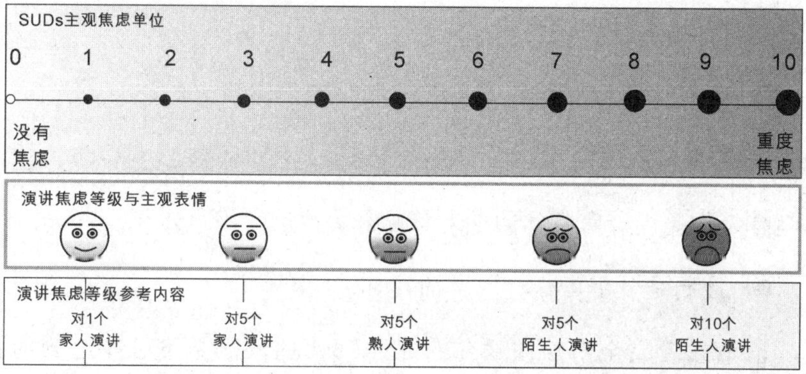

放松练习记录表

	晨练		晚练	
	之前的焦虑	之后的焦虑	之前的焦虑	之后的焦虑
第一天				
第二天				
第三天				
第四天				
第五天				
第六天				

牢记六点

⑴ 演讲焦虑是正常而且适当的人类情绪。

完全没有焦虑是不正常的，那样的演讲也是乏味的。

⑵ 只是在演讲焦虑失控时才成为问题。

尽管演讲时一定的紧张是有益的，但过度紧张时，它可能成为问题。

⑶ 我们的目的是控制焦虑。

我们的目的不是“治愈”演讲焦虑，不是要彻底摆脱它，而是去控制焦虑的症状和后果。因为焦虑失去控制才成为问题，所以，重新掌握对焦虑的控制才是解决之道。

⑷ 你可以掌握些技巧来重新控制你的演讲焦虑。

大多演讲焦虑的人在公众场合讲话时不知所措，本书的治疗计划就是为你提供一套具体的应对策略和方法。

⑸ 控制是一个可行、现实的目标。

治愈或者完全消除演讲焦虑是不现实的，也是不可能达到的目标。而控制演讲焦虑则可以通过循序渐进的系统训练逐步达成。

⑹ 控制是一个主动过程。

控制是你要来做出改变，你来学如何帮助自己，你还需要理解为何使用这些技术。当你理解了每个技术背后的理论意义，你就能应用所学到的具体方法来有效地控制你的问题。

积极自我暗示和人际支持

积极的自我暗示是你隐形的翅膀，

让你在徘徊孤单中坚强，

让你拥有希望和梦想，

带你去飞，去翱翔

请思考

- 面对演讲时，你对自己的暗示是积极的还是消极的？
- 你的家人、朋友或同事对你的演讲评价是鼓励还是嘲笑？
- 你感觉过去哪些重要经历可能影响你对演讲的信心？

一、你可能不知道的事实

消极的自我暗示

演讲焦虑者面对公众演讲时常常自言自语说：

- 听众可能对我讲的不感兴趣。
- 他们可能有抵触情绪。
- 我讲的内容可能没有价值，如果说出来，别人可能会觉得很愚蠢。
- 其他人可能都比我懂得多，我并不想让你们知道我是这么无知。
- 我早料到自己的演讲会出错，结果得到了验证。

以上的自言自语，还有诸如：“我不行”、“我口齿不清”、“我形象不佳”等，这些都是消极的自我暗示。

消极的自我暗示会破坏良好的心境，分散注意力，降低演讲者自己的信心。

消极的自我暗示常常被演讲者自我证实，更强化了自己消极暗示，形成恶性循环。假如这样糟糕的结果不幸被自己的消极暗示所言中，这是自证预言。

心理暗示与意志力：

心理暗示在与意志力的冲突中总是站上风。因为心理暗示更多主导我们人类，而不是我们的意志力或意愿。

依据精神分析理论，我们有两层自我：第一层是显意识，我们可以感知到并可用意志控制的自我；第二层是潜意识。另外一个自我，它与心理暗示直接相通，发出心理暗示。我们下意识犯的错误，正是第二个自我完全操纵着我们。

消极暗示的心理学实验

国外有个囚犯，被判了死刑，并被告知将以放尽血液的方式处死。行刑时，死囚被带到一间隔音的房间里，捆绑在床上，蒙上眼睛，有人用针头刺入他的手臂（未刺入血管），然后开动床下的滴水器，让他听到“滴答”、“滴答”的滴水声，使他自以为是自己的血液在一滴滴地流出。10 小时后，死囚的心脏停止了跳动。

这个实验真实反映了消极自我暗示有着不可小觑的伤害力。

许多情况下，我们的失败并不在于条件不具备或形势不利，而在于我们内心的消极暗示以及由消极暗示引发的挫败和自卑。

自我暗示是我们与潜意识对话的一个重要方式。望梅止渴就是自我暗示的典型例子。自我暗示分消极的自我暗示和积极的自我暗示。消极的自我暗示导致消极的行为，而积极的暗示则带来积极的行动。

积极的自我暗示

积极的自我暗示就是个人通过正面的自我暗示、自我鼓励，进行自助的方法。人的自我评价实际上就是人对自我的一种暗示作用。

一个人被积极的心理暗示左右，遇事就常常强调对自己有利的因素，并能抓住这些有利因素朝着成功的方向迈进。反之，一个人形成消极的心理暗示，每做一件事就首先想到失败，想到自己不利的一面，还没有上阵“拼杀”就已经败下阵来。

积极的自我暗示是克服自卑心理的有效方法。正确地暗示自己，“我能行”，“别人能做的事情我也能做”，“坚持就是胜利”。经常使用这些暗示，自卑就会逐渐丢在脑后。

自我暗示作为我们与潜意识对话的一个渠道，积极的自我暗示可以是自我心理、生理调整的重要手段。积极的自我暗示简单易行，行之有效。对于我们摆脱演讲焦虑非常有用。

心理暗示的三个层次：

第一个层次，语言文字系统的暗示和自我暗示。例如，一个人如果故意对他人说心情不好，他见一个人就说“我心情不好，别碰我”，说得多了，他真的就心情不好了，这种情况是经常发生的。

第二个层次是动作语言、表情语言的暗示和自我暗示。例如，微笑的表情给我们带来好的心情。让我们每天多一点微笑，那么你每天就会快乐一点。因为，微笑是一个良好的暗示。

第三个层次是环境语言的暗示和自我暗示。例如当我们看到大海，我们受到大海的暗示，心胸不由得开阔。

积极暗示的心理学实验

美国心理学家罗森塔尔进行了一项著名的实验。

他和助手来到一所小学，声称要进行一个“未来发展趋势测验”，并煞有介事地以赞赏的口吻，将一份“最有发展前途者”的名单交给了校长和相关教师，叮嘱他们务必要保密，以免影响实验的正确性。其实他撒了一个“权威性谎言”，因为名单上的学生根本就是随机挑选出来的。

8个月后，奇迹出现了，凡是上了名单的学生，个个成绩都有了较大的进步，且各方面都很优秀。

显然，罗森塔尔的“权威性谎言”发生了作用。

因为这个谎言对教师产生了暗示，左右了教师对名单上学生的能力的评价；而教师又将自己的这一心理活动通过情绪、语言和行为传染给了学生，使他们强烈地感受到来自教师的热爱和期望，变得更加自尊、自信和自强，从而使各方面得到了异乎寻常的进步。

自证预言，意指人会不自觉的按已知的预言来行事，最终令预言发生。

若你自认不是读书的材料，那即使有时间也不会用来温习，因为你认为读了也不会懂，结果考试一塌糊涂，然后你对自己说：“果然我不是一个读书的材料！”

若你在演讲前就预言自己的演讲可能会出错，结果演讲中忘记一个内容，如忘记表述一个证据，事后你会说“我早料到会出错”。

这个概念放在我们工作中就有这样的演绎：有个新入职员工，他或她有你讨厌的行为举止，于是你就不喜欢这个人并预言这人会很难相处。于是，在随后的工作合作中，你就会不知不觉的专挑对方缺点来看，如他（她）眼细鼻扁头皮屑多、声大没准废话一箩筐等，见到这个人你就有种不快的心情，在彼此的合作中，你也很难同这个自己不喜欢的人配合。而对方见到你的反感表现，也会冷眼相对，以牙还牙。其结果就证明了你的语言：这个人不好相处，预言便实现了。

相反地，假如你相信同事是友善能干的，你自然会多多接近他（她），即使有些小摩擦你也会包容，结果这个人也不负你所望，成为一个你的好朋友。

演讲焦虑的分类

依据焦虑发生时机可以把演讲焦虑分为：

- 准备前的焦虑
- 准备时的焦虑
- 演讲前的焦虑
- 演讲时的焦虑（或恐惧）

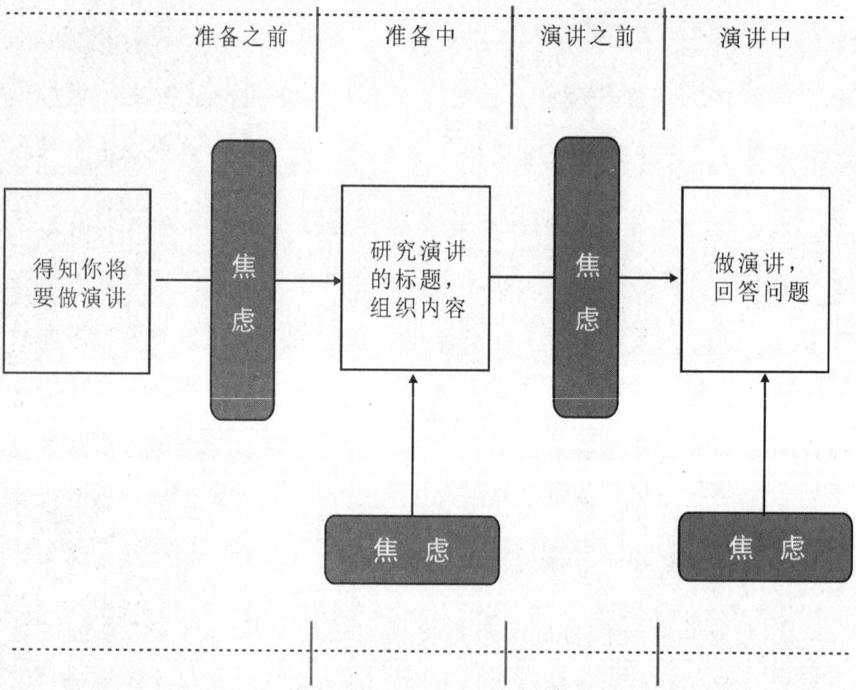

演讲程序中易发生的几种焦虑（类型）

二、你需要明白的道理

用积极的暗示塑造自信

针对不同阶段的演讲焦虑，每个阶段有不同的解决目标，因此用于每个阶段的积极陈述也是不一样的。下面是每个阶段目标的描述以及用于每个阶段不同的积极的／可解决的自我陈述（积极的自我暗示）的例子。

阶段	目 的	积极的／可解决的自我陈述的例子
准备阶段	公众演讲的准备阶段 此阶段目的： • 集中为演讲做准备 • 对抗负性想法 • 计划和准备	• 我能讲完它，我已经讲过几次了 • 这是练习的好机会 • 做些事情并停止担心 • 不要担心，担心也是没有用的 • 我感觉很紧张，但那是很自然的事情 • 每次练习都会取得一次进步
演讲阶段	面对公众演讲 此阶段目的： • 控制焦虑反应 • 你自己有足够的信心 • 控制放松练习 • 持续集中演讲这个任务	• 一次一个阶梯 • 只想我该如何去做 • 我能处理好这种情况，无论是否有焦虑 • 尽管我有些焦虑，我还是会做我该做的事情 • 如果我变得焦虑我知道做什么，首先……其次……

（续表）

阶段	目 的	积极的／可解决的自我陈述的例子
焦虑发生	应付焦虑 此阶段目的： • 这段焦虑只是暂时的，不会一直发生 • 注意力集中于现在 • 接受它，它必然会过去	• 放松 • 控制呼气 • 焦虑虽然是不愉快的，但是不危险，这只是压力的正常心理反应 • 只有面对焦虑，才能最终控制焦虑 • 我能将焦虑控制在最小的范围内 • 过去认为不可完成的演讲，我也能应付下来了
演讲后的评价和鼓励	对解决的方法进行评价并进行鼓励 此阶段目的： • 认识到自己小小的成功，不要轻视小小的进步 • 及时奖励自己 • 评价你的努力：什么有帮助，什么没有 • 回顾一下自己的经历，看看学到了什么 • 不断努力，不要追求完美	• 我讲完了，我做得很好 • 我做得不错，下次我做得会更好 • 并不像我想象的那样坏 • 从我的努力当中，我能做到些什么 • 通过自己的努力，感到自己的进步 • 我能够从焦虑中放松，我的确能够控制自己的焦虑

积极的暗示的原则

⑴ 始终要用现在时态而不是将来时态进行暗示。

应该说“我现在克服了演讲焦虑”，而不说“我将来会克服演讲焦虑”，我想克服演讲焦虑”。这并非是自欺欺人，而是基于这样的事实：每件事物都是首先被人想到，然后才能在客观现实中显现。

⑵ 要在最积极的方式中进行。

肯定我们所需要的因素，而不是不需要的。不能说“我的演讲不要紧张”，而是要说“我的演讲越来越好，越来越自信”，这样做可以保证我们总是创造最积极的思想形象。这是因为“潜意识”不会被否定词暗示。比方说自我暗示减肥时，绝对不能说“我不要胖”，因为这时潜意识得到的暗示不是“不胖”，而是忽略了“不”的胖。所以，在减肥时要说：“我要瘦”。

⑶ 一般来说，语句越简短，就越有效。

一番肯定应该是一番传达出强烈情感的清晰的陈述，情感传达得越多，给我们的印象越强。那种冗长、充满理论性的肯定丧失了情感上的冲击力，变成了一种“头脑游戏”。

⑷ 尽可能地努力，创造出一种相信的感觉。

在进行肯定时，尽可能努力创造出一种相信的感觉，一种它们已经真实存在的感觉，这样将使肯定更加有效。经常重复一种思想会产生信念，进而变得坚信不疑。开水之所以能开是因为不断重复加温的结果。如果烧到99℃就停止加温的话，仍然只是温水而不是开水。生活中许多的广告都利用了重复的心理规律。因此，要养成一个良好的习惯，那就是不断地自我暗示，不断地重复暗示。

自我暗示是一种常用的心理调整方法，具有下列心理效应：

第一，镇定作用。人的心理十分复杂，经常要受外界情境的影响。尤其是在对抗、竞争的条件下，对手创造一个好成绩，或工作做到你前面去了，会造成你的内心紧张。本来你完全有实力超过他，因为心理上的紧张，反而束缚了你的潜在能力的发挥。自我暗示在这时就能起到排除杂念，镇定情绪的作用。

第二，集中作用。这同镇定作用密切相关。一件事情，尤其是一定难度的事情的成功，总是离不开注意力的高度集中。缺乏心理训练的人，常常是到了注意力应该高度集中的时候，却出现心猿意马的情况。怎么办？学会自我暗示，兴许能减少你的苦恼。

第三，提醒作用。一位大文豪说，当你想和别人吵架，并准备好某些词语时，请你在嘴里默念：“我一定不要让这些词语出口！”只要这样做，大多是吵不起来的，这也是一种自我暗示的方法，它可以提醒人们不去做某种事情。另外，当你准备做某件事情，而出现心理障碍如胆怯、紧张时，自我暗示也能起到了强化的作用。

自我暗示的用处很多，只是开始时，往往效果不明显。这不奇怪。人的心理调整不是一蹴而就的。要把原有的心理活动纳入自己所期望的轨道，需要具有心理约束力。凡事开头难，效果也有一个由小到大的过程。只要我们持之以恒，假以时日，自我暗示一定能成为我们进行心理调整的得力助手。

人际支持系统

演讲焦虑的人解决问题的办法，大多选择逃避、回避，这种让自己避免在公众场合讲话的处理方式不仅无益于控制自己的紧张，而且会失去练习演讲技能的大好机会。所以建立自己的人际支持系统是练习控制演讲焦虑的必要环境。

成功的体验是人际支持系统的另一重要作用。成功体验是下一次积极自我暗示的引擎，成功体验让自我暗示更现实，也更有自信给自己自我暗示。

对演讲者来说，成功的体验就表现在他身边人的每一句言谈上。例如一个演讲练习者朗读了一篇文章，如果作为听众的家里人评价道："读的很好"，他就会体验到一次成功。这次小的成功也会鼓励他给予自己更高的自我暗示：我会做得更好。

因此人际支持系统可以为演讲练习者创造一些体验成功的机会，让他形成积极的心理暗示，这将影响到他在公众场合演讲时的心理准备。

演讲练习者积极的暗示，带给我们每个人的，其实就是不断地获得自信，一步一步走向成功。

鼓励成功是激发演讲焦虑者内在动力的灵丹妙药。成功不是在最后，不是海市蜃楼，只有触摸到眼前的成功，才会有更大的成功诞生。

那么克服演讲焦虑需要什么条件呢？我想最灵验的一条就是鼓励，是家人、朋友和同事的不断激励。

家庭成员、朋友和同事就构成一个现实人际支持系统。家庭成员是你支持系统的重要成员。

人际支持系统的重要资源是掌声，

掌声并不只代表赞赏，

掌声还给人以鼓励。

焦虑的人因为掌声而自信，

平凡的人因为掌声而伟大。

支持系统成员的要求

家庭成员、朋友和同事都是你的支持系统的成员，同时，你最好有一个演讲的教练，这个教练懂得基本的演讲技能。

- 是你信任的人
- 思想开放，乐观
- 无负面的评论或批评
- 无论你说什么，他们都能接受你，鼓励你

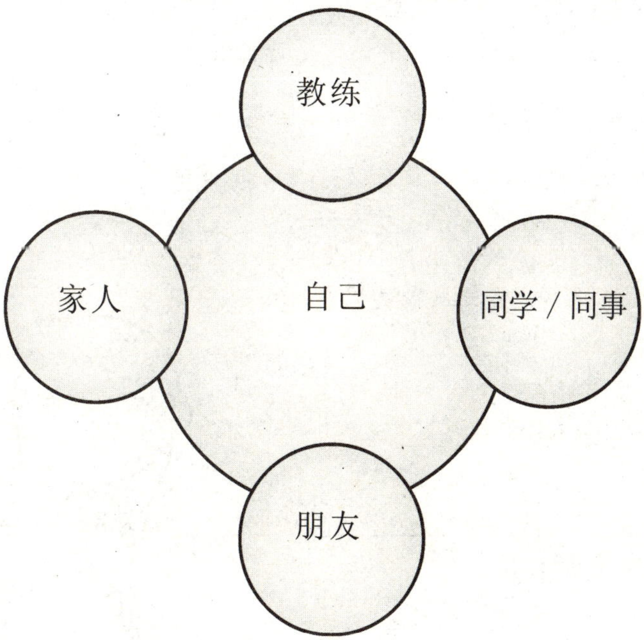

支持系统遵循的准则：

支持系统在帮助你练习演讲时应遵循的基本准则：

- 较正式的氛围。
- 角色分配，如计时员，支持人，听众等。
- 遵循一定的程序，如开场、演讲、点评、改进等。
- 无批评，只有鼓励和建议。

“习得性无助”是美国心理学家赛利格曼 1967 年在研究动物时提出的，他用狗作了一项经典实验，起初把狗关在笼子里，只要蜂音器一响，就给以难受的电击，狗关在笼子里逃避不了电击，多次实验后，蜂音器一响，在给电击前，先把笼门打开，此时狗不但不逃而是不等电击出现就先倒在地上开始呻吟和颤抖，本来可以主动地逃避却绝望地等待痛苦的来临，这就是习得性无助。

心理学家随后也证明了这种现象在人类身上也会发生。如果一个人觉察到自己的行为不可能达到特定的目标，或没有成功的可能性时，就会产生一种无能为力或自暴自弃的心理状态，具体表现为一种弥散的、无助的和抑郁的状态，自我评价就会降低，动机也减弱到最低水平。

产生“习得性无助”的原因如下：

- 多次失败的体验
- 不恰当的评价
- 不正确的归因

“习得性无助”是一渐变过程，上述三种原因相互作用，会强化了这一趋势。

三、你必须要做的

积极的态度

在会议中沉默寡言的人都认为："我的意见可能没有价值，如果说出来，别人可能会觉得很愚蠢，我最好什么也不说。而且，其他人可能都比我懂得多，我并不想让你们知道我是这么无知。"这些人常常会对自己许下很渺茫的诺言："等下一次再发言。"可是他们很清楚自己是无法实现这个诺言的。每次这些沉默寡言的人不发言时，他就又中了一次缺少信心的毒素了，他会愈来愈丧失自信。从积极的角度来看，如果尽量发言，就会增加信心，下次也更容易发言。所以，要多发言，这是信心的"维他命"。

不论是参加什么性质的会议，每次都要主动发言，也许是评论，也许是建议或提问题，都不要有例外。而且，不要最后才发言。要做破冰船，第一个打破沉默。也不要担心你会显得很愚蠢，不会的。因为总会有人同意你的见解。所以不要再对自己说："我怀疑我是否敢说出来。"用心获得会议主持（主席）的注意，好让你有机会发言。

积极心态训练

- 自我暗示：每天清晨默念三遍“我一定行”。

  我一定要最大胆地发言，

  我一定要最大声地说话，

  我一定要最流畅地演讲。

  我一定行！

  （具体见下页的练习范例）

- 想象训练：花几分钟想象自己在公众场合成功的演讲，想象自己成功。

- 利用自己的人际支持系统，每天至少一次在他们面前（即使只有一个支持系统成员）练习“我是个优秀的演讲者”自我陈述（自我暗示），第一天练习可以读，从第二天开始一定要会背诵。

- 在自我暗示练习前后，在“自我暗示练习记录表”里记录你的焦虑情况（分值）。

标题：我一定行

我一定要最大胆地发言，

我一定要最大声地说话，

我一定要最流畅地演讲。

我一定行！

今天一定是幸福快乐的一天！

标题：我是名优秀的演讲者

我是名优秀的演讲者，

我精通这个话题；

我是名优秀的演讲者，

我的听众很想了解这部分内容；

我是名优秀的演讲者，

我的演讲清晰、易懂、严谨；

我是名优秀的演讲者，

我有能力掌控现场的一切，

我是名优秀的演讲者。

支持系统成员一定要及时做出鼓励表扬，进一步也可对其表示期望，例如：“语速快说明你的演讲很流畅，如果下一次能放慢些语速，你的演讲会更生动”。

表扬要及时。一旦发现表现出色，要立即予以表扬，并要让演讲练习者及时知道他的哪些做法是被鼓励的。只要是可鼓励的行为，哪怕是很小，一样要表扬，这很小的表扬却可以大大地激励演讲练习者积极性；不要因为演讲练习者还有很多其他问题，就不去表扬他的某个正向行为，事实上他这个正向行为可能正是扭转他的其他问题的难得的启动点。

四、你的家庭作业

⑴ 继续进行腹式呼吸练习并把练习前后情绪焦虑程度在相应的记录表中打分。

⑵ 继续进行放松练习，并把练习前后情绪焦虑程度在相应的记录表中打分。

⑶ 自我暗示练习，并把练习前后情绪焦虑程度在相应的记录表中打分。

1. 呼吸练习及记录

目标

减轻焦虑
减慢呼气节奏

时间

晨练加晚练

材料

呼吸练习记录表

继续进行呼吸练习(晨练、晚练)。每一次练习，开始练习之前和完成练习之后，在下面的“呼吸练习记录表”里记录你的焦虑情况（分值），这样做的目的：控制呼气练习的速度，回顾练习的进度，评价进步的程度。

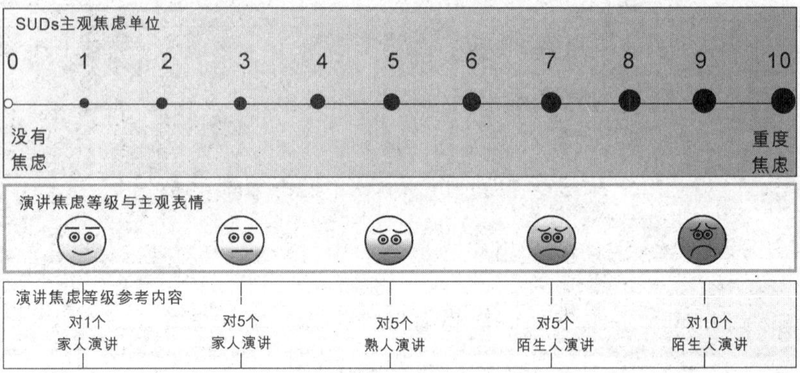

呼吸练习记录表

	晨练		晚练	
	之前的焦虑	之后的焦虑	之前的焦虑	之后的焦虑
第一天				
第二天				
第三天				
第四天				
第五天				
第六天				

2. 放松练习及记录

目标

对抗焦虑

时间

晨练加晚练

材料

放松练习记录表

继续进行放松练习（晨练、晚练）。每一次练习，开始练习之前和完成练习之后，在下面“放松练习记录表”里记录你的焦虑情况（分值），这样做的目的：控制放松练习的速度，回顾练习的进度，评价进步的程度。

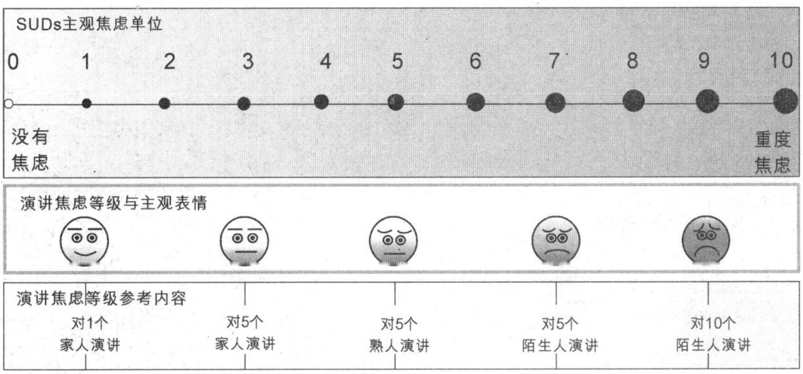

放松练习记录表

	晨练		晚练	
	之前的焦虑	之后的焦虑	之前的焦虑	之后的焦虑
第一天				
第二天				
第三天				
第四天				
第五天				
第六天				

3. 积极自我暗示练习及记录

目标

增强自信心

时间

晨练加晚练

材料

自我暗示练习记录表

请练习“我一定行”（46 页）和“我是个优秀的演讲者”（47 页）。开始练习之前和完成练习之后，在下面的“自我暗示练习记录表”里记录你的焦虑情况（分值）。这样做的目的：回顾自信心练习的进度，评价自信心提高的程度。

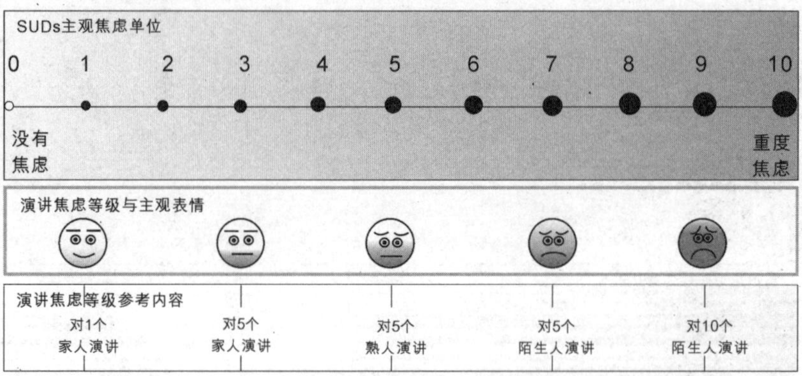

自我暗示练习记录表

	“我一定行”练习		“我是名优秀的演讲者”练习	
	之前的焦虑	之后的焦虑	之前的焦虑	之后的焦虑
第二天				
第三天				
第四天				
第五天				
第六天				

演讲焦虑的认知治疗

一花一世界

一叶一菩提

请思考

- 演讲焦虑理所当然是由演讲引起的，这句话对吗？
- 上次演讲有几处重复，同事们一定认为我口吃。这是一种认知曲解吗？
- 演讲焦虑的坏情绪为何越想越可怕？

一、你可能不知道的事实

认知与演讲焦虑

通常人们认为，演讲的焦虑情绪和行为反应是直接由演讲本身引起的，但事实并非如此简单。

另外许多人不能区分躯体症状和自己的认识，认为自己的焦虑只是由躯体症状引起的，因此为了战胜焦虑，往往只关注于减少躯体症状，然而，事后发现这些方法没有任何效果。

我们举一例子：

小安和同事小明一起在单位会议上讲解一个项目，主持会议的领导未做点评，直接到了下一个环节。会后小明认为："领导未对我们的项目发表意见，可能领导考虑时间原因，也可能有什么特殊的原因。"但小安有不同的想法："是不是上次顶撞了老总一句，他就故意不理我的项目了，下一步可能就要故意找我的茬了。"小安和小明不同的想法就会导致两种不同的情绪和行为反应。小明可能觉得无所谓。而小安可能忧心忡忡，甚至焦虑起来，以至无法平静下来干好自己的工作。

从小安这个简单的例子中可以看出，人的情绪及行为反应与人们对事物的想法、看法有直接的关系。这在心理学上称为 ABC 理论。

ABC 理论由美国心理学家艾利斯提出。A 代表诱发事件；B 代表个体对这一事件的看法或信念；C 代表这一事件后，个体情绪反应和行为结果。

ABC 理论指出，诱发性事件 A 只是引起情绪及行为反应的间接原因，而人们对诱发性事件所持的信念或看法 B 才是引起人的情绪及行为反应的更直接的原因。

人们的情绪及行为反应与人们对事物的想法、看法有关。合理的信念会引起人们对事物的适当的、适度的情绪反应；而不合理的信念则相反，会导致不适当的情绪和行为反应。

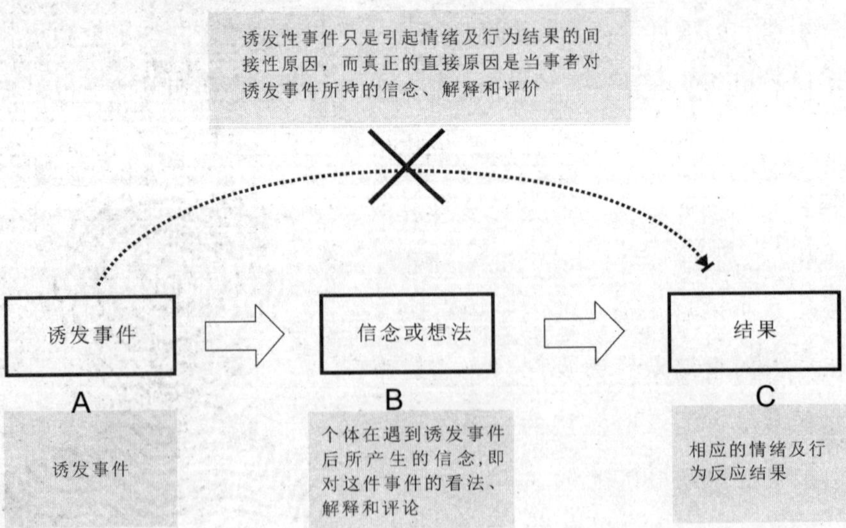

二、你需要明白的道理

躯体症状和焦虑的关系

根据 ABC 理论模拟出演讲焦虑发作时的症状和焦虑水平，如下图所示。

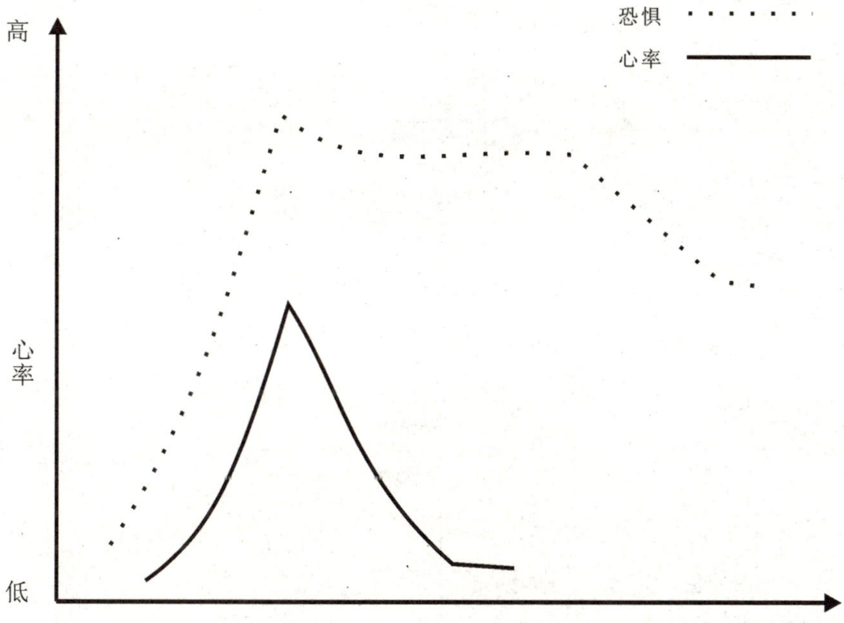

焦虑发作时的症状和焦虑水平示意图

由图可以发现，显示的躯体症状（心率）和焦虑水平并不是一致的，事实上焦虑水平常常是增加的，其下降的速度也较慢。导致躯体症状（心率）和焦虑水平之间的差异的根源是认知。

演讲焦虑产生和维持的认知模型

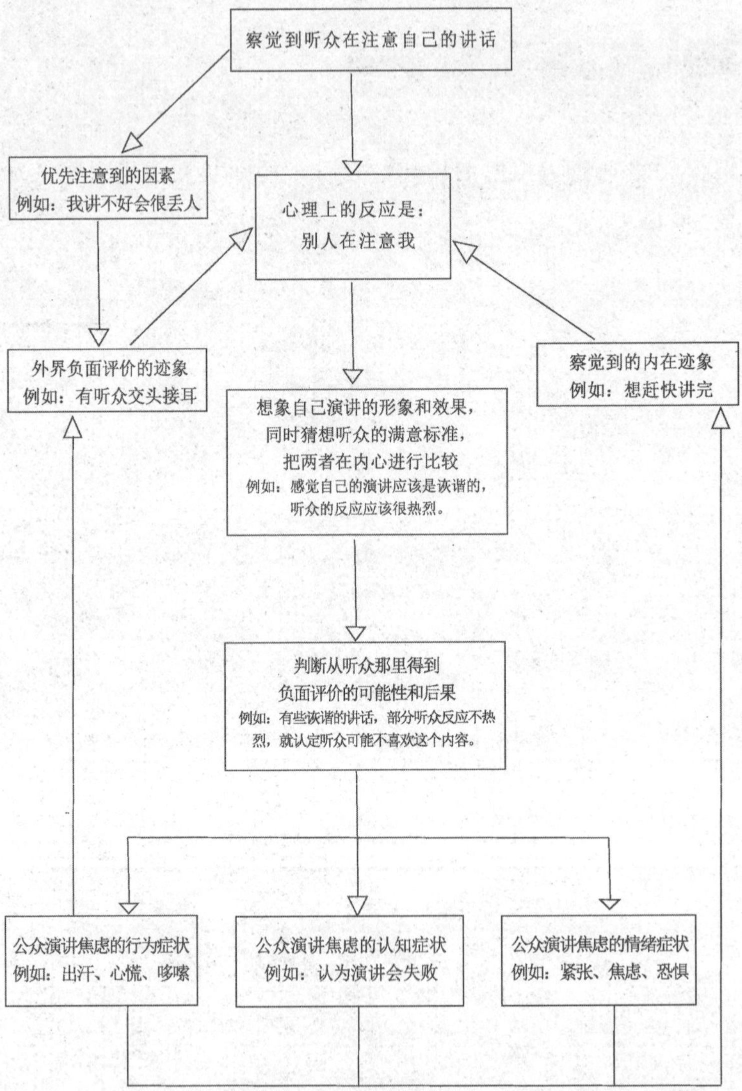

演讲焦虑产生和维持的认知模型图

认知的放大效应

下列事例能更好地解释认知的放大效应。某人以往在公众场合有演讲焦虑的经历，再次面对演讲时，他会认为这次演讲的焦虑会比上次严重（S，发作时的症状）。

但当他演讲完后，他又会事后认为，这次演讲焦虑并不严重，并且会以最小的程度估计这次焦虑（A，发作后的认知，通常会弱化发作过的焦虑）。

他仍认为下一次演讲会有更大的焦虑发生（B，下一次发作前的认知，通常会夸大下一次焦虑）。

这种认知（不合理信念）就是小化前一次的焦虑，大化下次焦虑，如此恶性循环，逐步放大。

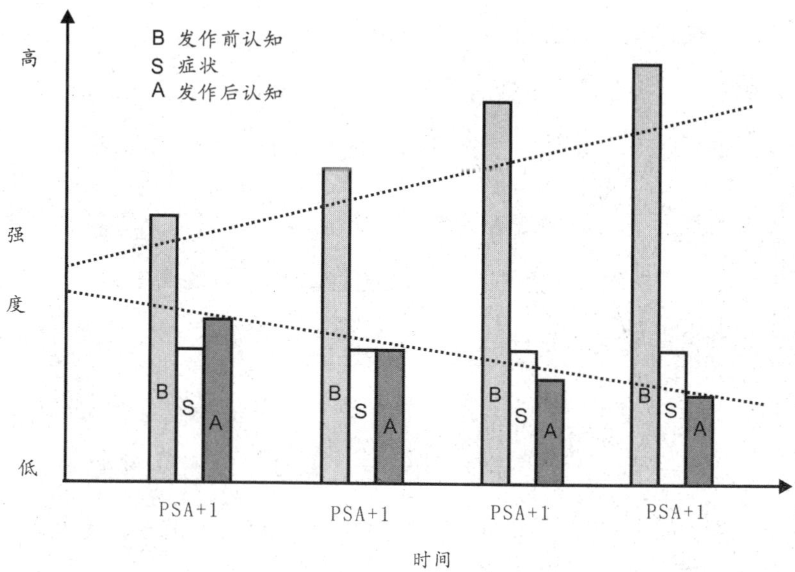

焦虑或恐惧发作的认知放大模拟图

了解更多不合理的理念：十大认知曲解

<u>绝对化思考</u>：看问题非此即彼，非黑即白，没有中间余地。这种思考方式导致完美主义，害怕任何错误和缺点。一位教师因为上课讲错一句话，于是认为“现在全完了”、“我已经一文不值”。

<u>任意推断</u>：指缺乏事实根据，草率地下结论。如街上见一位同事匆匆走过，未打招呼，于是心里想：“我什么地方得罪他了？他生我的气了？”实际上，这位同事心中有事，没有注意到他；7月7日丢失了700元，从此避免接触有数字“7”的事物，认定“7”是他最倒霉数字；我不能穿黑衣服，一穿黑衣服就要倒霉。

<u>选择性概括</u>：仅仅根据个别细节，不考虑其他情况，就对整个事件做出结论。一人有2次坐车发生心动过速，从此不敢乘车，认为“我乘公共汽车肯定要发心脏病”。这可能是一种“以偏概全”。

<u>过度引申</u>：指在一个小小失误的基础上，做出关于整个人生价值的结论。如一位母亲不慎打碎一只碗，遂认为自己“不是一个好母亲”。又比如，我演讲能力差，以后一定难有在单位表现的机会，没有表现就没有升迁的机会，不能被提拔就一辈子被人看不起。

过度夸大和过分缩小：指夸大自己的失误、缺陷的重要性，而贬低自己的成绩或优点。偶尔出现的一次失误，如拍照时手抖了一下，一张照片拍坏了，就觉得不得了，会被别人看作无用的人。而在做成一件事时，又觉得微不足道，纯属侥幸。

个人化：指主动为别人的过失或不幸承担责任。将一切不幸、事故或别人生病均归因于自己的过失，引咎自责。如自己的一位朋友生病去世，就责备自己忙于个人的事务，未能照顾朋友的健康状况，为此内疚不已。比如，奶奶因为把孙子一手带大，孙子考不上大学就认为是自己没教育好，孙子没找到好工作就认为是自己没本事。

选择性消极注视：选择一个消极的细节，并且总是记住这个细节，而忽略其他方面，以致整个情绪都染上了消极的色彩。例如一位男人一次因不在家，小孩被烫伤，于是对这一件事念念不忘，甚至认为自己不是一位称职的父亲。其实他是一位非常顾家，非常疼爱自己小孩的一个男人，因为消极信息选择倾向，在某种情境中只让消极的信息滤过，造成自己不必要的烦恼。再比如，走在路上总会注意到佩带黑纱的行人，就认为自己会倒霉，并为之感到沮丧。

情绪推理：认为自己的消极情绪必然会反映事物的真实情况，如：“我觉得自己是悲观的人，所以我做什么事都不会成功”；“我内心不安，说明我肯定做了什么对不起别人的事”；再比如有位学生以往有过几次考试紧张，以后每考试时就想，“我肯定又要紧张了”。

应该倾向：指常用“应该”或“必须”等词，要求自己和别人，如“我应该做这个”，“我必须做那个”。这意味着对自己坚持一种标准，如果行为未达到这种标准，就会以“不该”这样的字眼责难自己，产生内疚、悔恨。如果别人的所作所为不合自己的期待，就会觉得失望或怨恨，认为“他不该那样"。举例，一女对其老公说：男人就应该赚钱养家啊！做家庭经济支柱本来就是男人的职责。

乱贴标签：这也是一种以偏概全的形式，以为将自己的问题贴上一个标签就可以完事。例如：自己犯了个错误，就给自己贴个“我是一个天生的失败者”的标签，而不是描述自己的错误。这是将对整个人的评价和人的某些行为失误混同起来了，而“人不等于人的错误”。例如当你投资的股票只跌不涨时，你或许会想：“我就是一个失败者嘛！”而不说“我在这支股票上投资错了。”给自己贴标签不仅是自己打击了自己，而且是非理性的。当给别人贴标签时，你难免会带有敌意。

三、你必须要做的

认知治疗的四步曲

第一步

找出不合理信念。即挖掘导致当事人情绪困扰的不合理观念。参考家庭作业表，写出面对公众演讲时自己的情绪和行为结果（C），并罗列出所有的诱发事件（A），再写出你对诱发事件所持的想法和信念（B）。

第二步

展开辩论。就是与不合理的信念进行辩论。

不合理信念常表现为一些具有特征的语句，“如果……怎么办？”就是焦虑的人总是问自己的一种不合理信念。

充分利用人际支持系统的资源，采用“质疑”、“价值”、“极端”、“更新”、“夸张”等方式与其辩论。

质疑式：直截了当质询当事人她这种信念是否有足够的事实根据；

价值式：质询当事人她目前的情绪和行为反应是否确有价值；

极端式：质询当事人这件事最坏的结果是什么；

更新式：提醒当事人，“从另外的角度想一想，考试成绩不像你预期的那样，是否也是一件好事呢？”

夸张式：故意夸大当事人的概念，使当事人看到它的不合理之处。

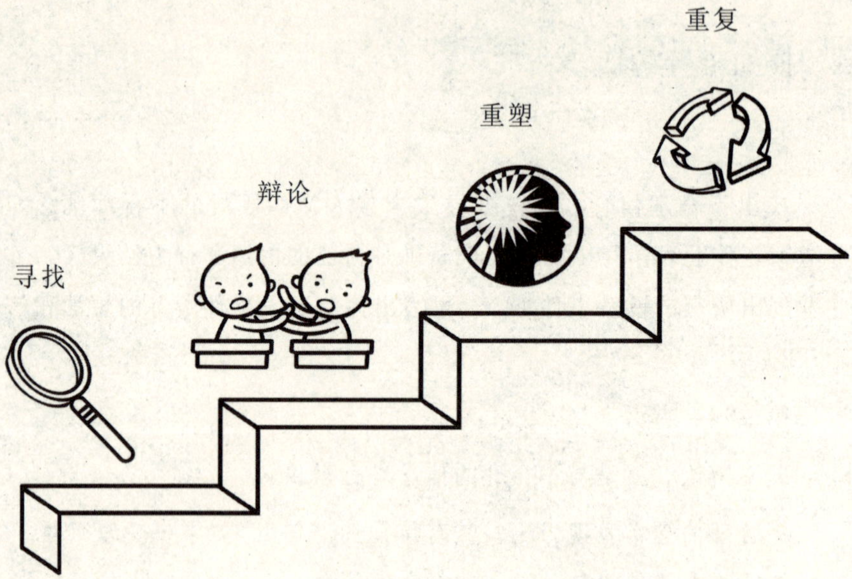

第三步

建立新的合理信念。通过辩论使演讲练习者原有的不合理信念发生动摇，人际支持系统的成员帮助其及时发展新的合理信念。例如：演讲焦虑是一种普遍现象，演讲也是一门技术活，通过系统的训练，自己完全可以克服演讲焦虑，并成为一个优秀的演讲者。

第四步

重复练习。发展新的合理信念之后，可要求当事人多次重复诵读新的合理信念以获得巩固的效果。

事件 A：出席一重要会议，突然发现自己已经晚了，心里顿时慌乱，抱怨自己无能。

信念 B：

(1) 我怎么这么差劲，连开会时间都会搞错。

(2) 我总是把事情搞糟，真无用。

(3) 别人会认为我是一个大傻瓜。

(4) 在众目睽睽之下迟到，真是丢人现眼。

情绪 C：紧张、害怕、自责、沮丧

辩论 D：

(1) 每个人都会出现记错时间的情况。

(2) 错过开会时间，只能说明我不够细心，并不能说明我无用，许多事情我会干得很不错的。

(3) 可能有人会认为我真傻，但只是少数人如此，大多数人会对我迟到持无所谓的态度。

(4) 迟到是不对的，别人可能会对我表示不满，但这并非糟糕透顶。我继续开会，继续我的工作。

效果 E：通过自我辩论消除自责。

找出不合理信念的方法

三栏记录表：

用一张自助记录表记录由演讲或当众讲话诱发的情绪和行为，以及当时的想法或信念，持续一周。

表格第三栏记录负面情绪，表格第一栏记录诱发事件，表格第二栏记录与负性情绪相关的想法和信念（如下表）。

也就是说，要记录下是什么想法导致他负性情绪的产生。这样，支持成员就可以知道演讲者在演讲中遇到的负性情绪以及当时他们的想法，就可以帮助其采取一定的治疗方法来解决演讲者的问题。认知家庭作业是运用所学的认知原则。

诱发事件（A）	信念／想法（B） 例如：我认为……	情绪和行为结果（C） 例如：我感到……

处理不合理信念的其他方法

针对不合理信念除采用辩论的方式外还可以采用一些辅助技术和方法：

- 成本——效益分析
- 分散技巧
- 思想中止
- 行为试验

成本—效益分析

成本效益分析就是让演讲者写出他现有的信念的成本—效益各是什么，肯定正性想法，否定负性想法。

可以让演讲者绘制表格，在表的左边写出当前信念的有利之处，右边写出不利之处，当不利之处远远多于有利之处时，演讲者会觉得当前的信念对他不利，就会做出改变信念的决定。如下图成本－收益分析表

这种信念的好处	这种信念的坏处

针对下页的案例，你要列出的是“试图做到完美”的好处和坏处，不要列举“完美”本身的好处和坏处。

比较分值：把好处和坏处进行比较得出分数，两个分数之和要等于100。如果好处大于坏处，左边圈中的分数就会更高；如果坏处大于好处，则右边圈中的分数会更高。

举 例

演讲完美主义的成本—收益分析表

（我的演讲应该总是尽善尽美）

这种信念的**好**处	这种信念的**坏**处
(1) 我会积极练习。	(1) 我的完美主义会带来很多压力和烦恼。
(2) 当我的演讲做的很好时，我感觉很好。	(2) 当我的演讲出现错误时，会觉得一切好像都被毁了。
(3) 我不能接受平庸的、二流的演讲。	(3) 我的完美主义可能让我丧失创造力，不敢去冒险，因为我害怕失败。
(4) 我的高要求显示我的能力比别人高出一筹。	(4) 我可能很难从批评中获益，因为批评让我感受到威胁，让我产生防备心。我的自尊心会变得很脆弱。
(5) 我的完美主义能够彰显我的自尊心。	(5) 当我处在轻松状态，且无需过分努力时，我常常会把工作做得更好。
(6) 我的认真和努力，别人会因此钦佩我。	(6) 试图完美让我过分关注细节，这让我有可能只见树木而不见森林。
	(7) 当我追求完美并提出很高要求时，我和别人的关系会处理不好。
	(8) 人们喜欢我似乎是因为我表达出了对他们的关注，而不是因为我用自己的成就给他们留下了深刻的印象。
	(9) 因为追求完美使每一项工作看起来都那么量大压人，我可能会拖延。
	(10) 因为在任何方面我都不可能真正达到完美，总是会有那么一些有待改善的地方，所以我从不会感到成功。
35	65

分散技巧

- 分散注意力可以作为控制产生或维持无用想法的一个有用的短期策略。
- 由于你不能同时想两件事情，分散注意力可以阻止不合理信念。
- 分散注意力可以阻止你继续去强化这些不合理信念和想法，从而减轻你的焦虑和恐惧。
- 分散技术，非常方便，可以快速做到，不需要特别的条件，在什么地方都能做。

利用分散技术的认知转移的例子：

(1) 在脑海中数数。

(2) 观察发生在你身边的事情。

(3) 自己哼哼歌。

(4) 对自己说些鼓励的话。

(5) 和其他人交谈。

(6) 玩手机游戏。

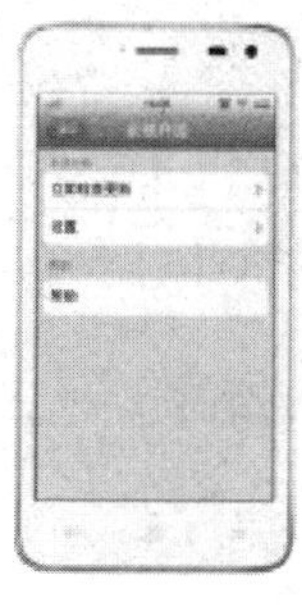

思想中止法

思想中止是另一种阻止不合理信念和想法产生的短期策略。

和分散技巧一样，思想中止可以帮助你中止继续强化你的不合理信念，并能够阻止这些负面的想法发展为冥思苦想，从而减轻焦虑和恐惧。

思想中止技术包括：

- 一旦注意到有负性想法或不合理信念时，在脑子里对自己尽可能大声地喊：“停止！停止！停止！”
- 立刻把自己的注意力转移到其他的东西上面，或者投入到另一项活动中。
- 这个技巧需要一些练习，但很容易掌握和习惯。

在注意到有负性想法时，在脑子里对自己尽可能大声地喊停止的同时，尽可能生动地想象（视觉化想象）一个停止符号（如图）。

行为试验法

行为试验的技术可以帮助检验不合理信念，并为辩论法提供观点和立场的佐证。

下面是一些行为试验的例子：

想　法	行为试验
如果我去发言和演讲，每个人都认为我无法胜任	就你所了解的一些事情进行一次演讲，然后让别人来评价你的能力
演讲时，我说错了一个句子，听众肯定很在乎我的错误，或认为我讲的很差	询问几个听众，问他们：我的演讲如何
我干不了任何事情	阅读报纸的招聘栏，记下所有你符合要求的工作
如果我去参加舞会，别人整晚都会忽视我的存在	参加舞会，记下有多少人和你说过话
每个人都认为讨人喜欢最主要的特点是身体苗条	问十个人，他们认为讨人喜欢的人五个最重要的特点是什么？

四、你的家庭作业

⑴ 继续进行腹式呼吸练习并把练习前后情绪焦虑程度在相应的记录表中打分。

⑵ 继续进行放松练习，并把练习前后情绪焦虑程度在相应的记录表中打分。

⑶ 自我暗示练习，并把练习前后情绪焦虑程度在相应的记录表中打分。

⑷ 识别自己的不合理信念，记录《事件、信念和相应的情绪三栏记录表》

1. 呼吸练习及记录

目标

减轻焦虑
减慢呼气节奏

时间

晨练加晚练

材料

呼吸练习记录表

继续进行呼吸练习(晨练、晚练)。每一次练习，开始练习之前和完成练习之后，在下面的“呼吸练习记录表”里记录你的焦虑情况（分值），这样做的目的：控制呼气练习的速度，回顾练习的进度，评价进步的程度。

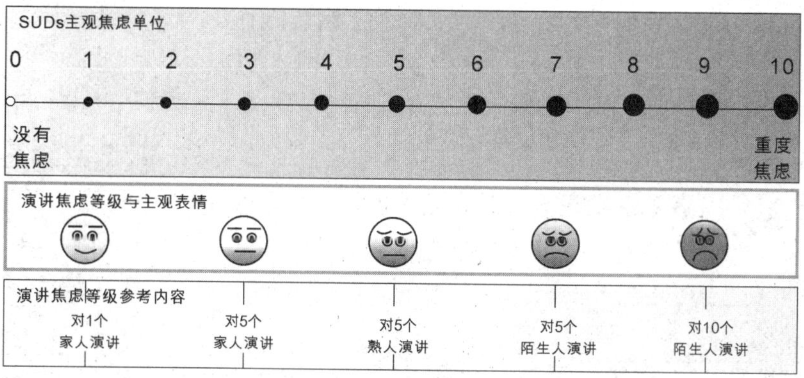

呼吸练习记录表

	晨练		晚练	
	之前的焦虑	之后的焦虑	之前的焦虑	之后的焦虑
第一天				
第二天				
第三天				
第四天				
第五天				
第六天				

2. 放松练习及记录

目标

对抗焦虑

时间

晨练加晚练

材料

放松练习记录表

继续进行放松练习（晨练、晚练）。每一次练习，开始练习之前和完成练习之后，在下面“放松练习记录表”里记录你的焦虑情况（分值），这样做的目的：控制放松练习的速度，回顾练习的进度，评价进步的程度。

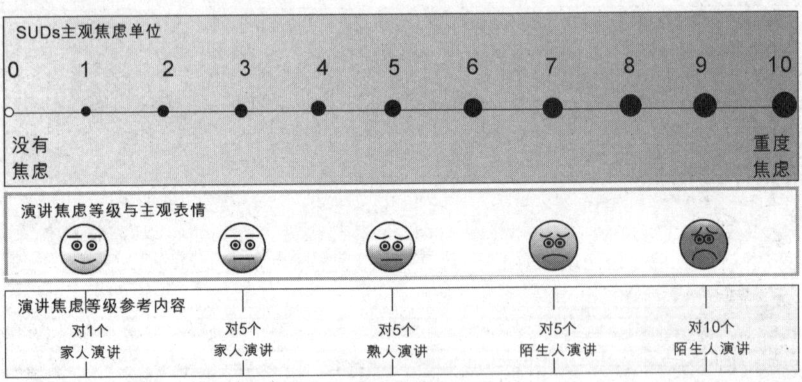

放松练习记录表

	晨练		晚练	
	之前的焦虑	之后的焦虑	之前的焦虑	之后的焦虑
第一天				
第二天				
第三天				
第四天				
第五天				
第六天				

3. 积极自我暗示练习及记录

目标

增强自信心

时间

晨练加晚练

材料

自我暗示练习记录表

请练习“我一定行”（46 页）和“我是个优秀的演讲者”（47 页）。开始练习之前和完成练习之后，在下面的“自我暗示练习记录表”里记录你的焦虑情况（分值）。这样做的目的：回顾自信心练习的进度，评价自信心提高的程度。

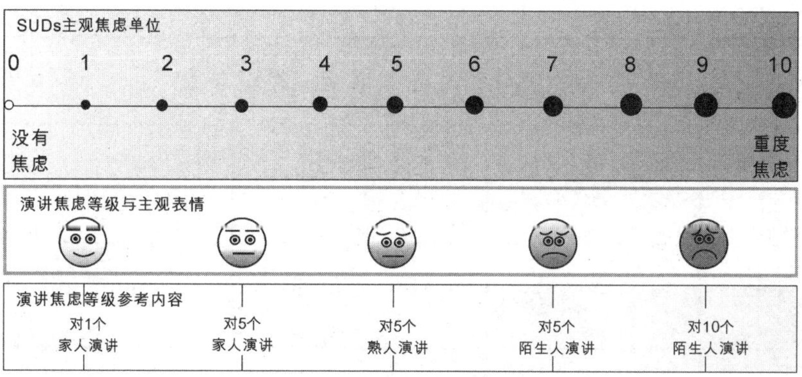

自我暗示练习记录表

	“我一定行”练习		“我是个优秀的演讲者”练习	
	之前的焦虑	之后的焦虑	之前的焦虑	之后的焦虑
第二天				
第三天				
第四天				
第五天				
第六天				

4. 识别自己的不合理信念及记录表

目标

找出自己
不合理信念

时间

晨练加晚练

材料

三栏记录表

认知家庭作业是运用所学的认知理论，使用“事件、信念和相应的情绪三栏记录表”找出自己的不合理信念和想法。就自己的负面想法和信念，征求支持系统成员的看法，或展开辩论，从中建立新的信念。

时间、信念和相应的情绪三栏记录表

	诱发事件（A）	信念 / 想法（B） 例如：我认为……	情绪和行为结果（C） 例如：我感到……
第三天			
第四天			
第五天			
第六天			

演讲焦虑的暴露治疗

明知山有虎，偏向虎山行

请思考

- 遇到演讲，自己就会焦虑。演讲和焦虑的情绪体验，两者是如何联系起来的？
- 为什么有演讲焦虑的人，即使不在演讲现场，仅仅听到要开会演讲就紧张、焦虑、恐惧呢？
- 对演讲焦虑者进行当众演讲训练，这不是明知山有虎，偏向虎山行吗？

一、你可能不知道的事实

演讲焦虑与条件刺激

演讲焦虑的人一定有过演讲不快的经历。

演讲的刺激和自己紧张痛苦的感受建立了一种联系。从行为心理学角度解释，这是条件反射的结果。

条件反射就是通过学习（演讲的实践）建立的与一个新的刺激（演讲）相联系的反应（焦虑情绪）。

例如，一个人演讲后，听到负面评价时，感到沮丧、难堪，这是你情绪反应的一部分，这种感觉有时让你难以忘怀，现在每当面临演讲时，难免会紧张、焦虑，这就形成了演讲与焦虑（恐惧）的条件反应。

条件反射以非常微妙的方式影响我们的生活。

在有宠物狗的家庭里，有些家人对狗没有耐心，当叫狗过来而它不过来时就打它。这样一来，越是打它，狗跑得越远，到后来，狗见你就躲，这是条件反射导致的。因为你的呼唤往往成为狗恐惧和退缩的条件刺激，也就怪不得你的宠物不愿意接近你了。同样打骂或体罚孩子往往是父母所犯的同样性质的错误。

有时，演讲焦虑的人不仅对现场演讲产生焦虑反应，有时仅仅听到要开会演讲就紧张、焦虑、甚至恐惧，这是泛化现象。

俄国生理学家巴甫洛夫是最早提出经典性条件反射的人。

实验方法是，把食物显示给狗，并测量其唾液分泌。在这个过程中，他发现如果随同食物反复给一个中性刺激，即一个并不自动引起唾液分泌的刺激，如铃响，这狗就会逐渐“学会”在只有铃响但没有食物的情况下分泌唾液。一个原是中性的刺激与一个原来就能引起某种反应的刺激相结合，而使动物学会对那个中性刺激做出反应，这就是经典条件反射的基本内容。

中性刺激与无条件刺激在时间上的结合称为强化，强化的次数越多，条件反射就越巩固。

在条件反射开始建立时，除条件刺激本身外，那些与该刺激相似的刺激也或多或少具有条件刺激的效应。例如，现场演讲和焦虑情绪相结合来建立演讲焦虑条件反射。

另一些类似的刺激，如相关演讲的消息、开会的通知等也会诱发出演讲焦虑的条件反射，这一现象称为条件反射泛化。新刺激越近似于原刺激，条件反射被诱发的可能性就越大。

回避焦虑场景的原因

克服演讲焦虑最好的办法就是面对它。

持续地回避会让演讲焦虑一直存在。回避焦虑或恐惧场景的主要原由有两条：

(1) 当他们进入到一个演讲场景时，焦虑就会增加（这不是一个让人愉快的感觉）。焦虑被看作进入这些场景的一种惩罚方式，所以他们很快退出这个场景，然后焦虑感下降（这个感觉舒服多了）。这种焦虑的下降作为回避行为的一种回报，回避行为得到强化（负强化）。这使得人们不再去适应焦虑的场景，无法了解到其实这个场景并不会伤害他们。

(2) 人们经常会意识到由于回避让他们焦虑的场景，使问题变得越来越恶化。作为短期内奖励焦虑感下降（当他们采取回避的时候）往往会带来更加严重的长期不良的后果。

二、你需要明白的道理

什么是暴露疗法

从下图的焦虑—时间曲线可以看出在焦虑或恐惧场合中，随着暴露时间的延长，焦虑或恐惧的程度是逐渐下降的。

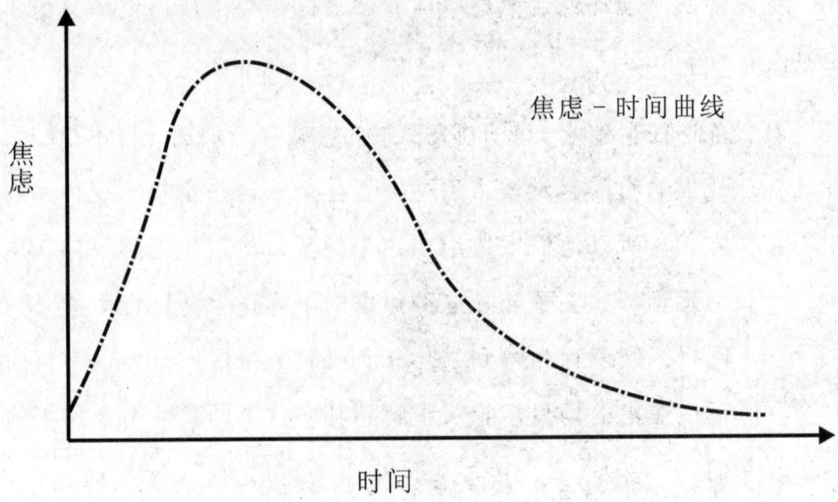

暴露疗法，就是让演讲者长时间暴露在刺激源中，使其产生适应而消除症状，改变对刺激的感知和认识，以及建立新的行为模式。

另外通过改变强化物，来增加我们希望的行为（参加演讲），减少我们不希望的行为（逃避演讲）。

有益的强化是社会性强化，即给予他们喜欢接受的语言刺激或身体刺激。言语上的肯定、赞扬；肢体上点头、鼓掌等，这些都是促进演讲训练的有效强化物，这也是社会性强化。

美国心理学家沃尔帕提出了交互抑制理论，这是暴露治疗的理论基础之一。

肌肉放松状态与焦虑情绪状态，是一种对抗过程，一种状态的出现必然会对另一种状态起抑制作用（可以形象地比喻为翘翘板，一端高，另一端低），这就是交互抑制作用。

焦虑问题的起因，是在焦虑情境中原来不引起焦虑的中性刺激与焦虑反应多次结合而成为较为牢固的焦虑刺激，产生异常的焦虑情绪或紧张行为。现在将焦虑刺激与焦虑反应不相容的另一种反应例如放松反应多次结合，这两种反应是相互抑制的，于是就逐渐消弱了原来的焦虑刺激与焦虑反应之间的联系，逐步减轻对焦虑刺激的敏感性。

根据这一原理，在心理治疗时，便应从引起个体较低程度的焦虑的刺激物开始进行治疗。一旦某个刺激不会再引起焦虑和恐惧反应时，另一个比前者略强一点的刺激便可呈现给演讲者。如果一个刺激所引起的焦虑或恐惧状态在演讲者所能忍受的范围之内，经过多次反复的呈现，演讲者便不再会对该刺激感到焦虑和恐惧，治疗目标也就达到了。

在暴露治疗过程中，外来的鼓励、赞许对演讲者的训练起着强化作用，使其在焦虑情境下仍保持放松，不再引起焦虑。

三、你必须要做的

建立焦虑等级场景

逐级暴露是一种安全的暴露疗法。逐级暴露就是依据演讲者的感觉或想象找到焦虑最低的场景、非常焦虑的场景，然后在最低和最高之间分出 3 ～ 5 个等级。

焦虑评估可以通过“主观焦虑单位”（SUDs）的 0（不焦虑）到 10（最焦虑）的等级来进行。在等级表里的每个项目都要用 SUDs 来进行评估，这样就可以知道与其他的场景相比，焦虑评分是多少。SUDS : Subjective Units of Distress Scale (anxiety level rating) 主观单位的焦虑程度评分量表。如图：

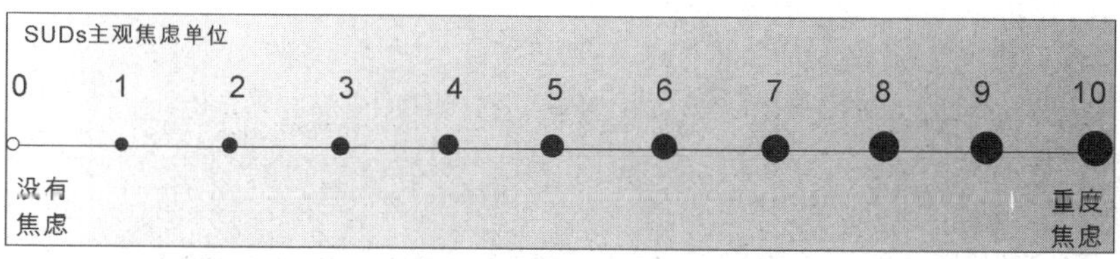

下图是结合演讲焦虑等级示例，形象化地用主观表情（痛苦）和参考场景描述焦虑的等级。

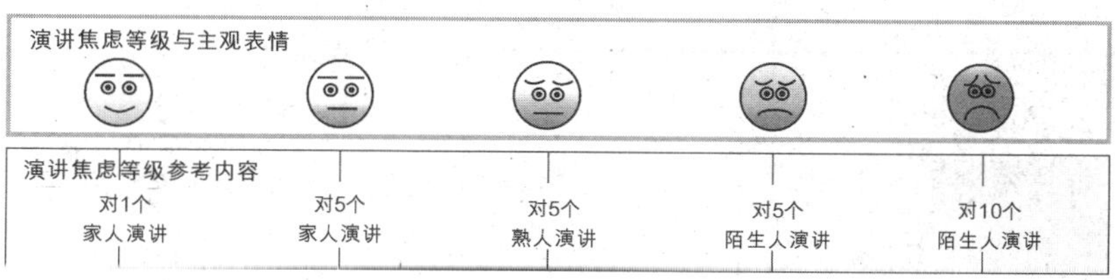

如何建立一张焦虑等级量表

步骤	内容
第一步 选择一个焦虑场景	• 选择你想要面对的那个演讲场景
第二步 建立等级表中的第一项（最低焦虑）	• 想象要面对一个场景，它几乎不让你紧张 • 描述这个场景，包括影响焦虑程度的内容参数（如多少人等） • 使用 SUDs 对这个场景进行评分
第三步 建立等级表中的最后一项（最高焦虑）	• 想象要面对一个场景，它让你最紧张和焦虑 • 描述这个场景，包括影响的焦虑程度的内容参数（如多少人等） • 使用 SUDs 对这个场景进行评分
第四步 创建小于 6 的 SUDs 的不同等级的场景	• 等级数依据你的实际情况制定 • 建议 3 ～ 5 个不同的等级
第五步 对等级表的项目进行排列	• 按照升序把不同的等级的场景进行排列

演讲焦虑等级示例（供参考）

等级	内容（参考标准）	SUDs 评分（主观焦虑单位）
1	准备一份讲稿独自在家里演讲	SUDs=1
2	准备一份讲稿对一个家庭成员进行演讲	SUDs=2
3	准备一份讲稿对五个家庭成员进行演讲	SUDs=3
4	对五个工作中的朋友进行一次简短的发言（例如，面对好朋友练习自我介绍）	SUDs=4
5	同等级 4，只是时间延长	SUDs=5
6	对工作中五个认识的人进行一次简短的发言（例如，对同公司的人做本部门的业务简介）	SUDs=6
7	同等级 6，只是人数增加到十人	SUDs=7
8	给工作中的碰到的五个陌生人进行一次简短的讲话（例如，给公司的供应商做项目介绍）	SUDs=8
9	同等级 8，只是时间延长	SUDs=8.5
10	给工作中碰到的十个陌生人进行一次简短的发言（例如，给公司的客户做产品宣讲）	SUDs=9
11	同等级 10，只是时间延长	SUDs=9.5
12	给工作中的二十个陌生人进行一次简短的演讲（例如，给来公司参观的客户做公司简介）	SUDs=10

暴露练习示例

依据自己在焦虑等级表中所处的等级进行练习（暴露治疗）。例如在自己的支持系统成员前练习。附一篇稿子：

人生处处是考场

考场，检验你水平的地方。你会什么，不会什么，付出了多少努力，可在考场中一展无余。朋友，你想过没有，生活也在不断地对你进行考试，无论何时，无论何地。

曾经听过这样一个真实的事：某学校在考场门前故意放了块黑板擦，观察能有哪位同学捡起它。有的人慌慌张张跑入考场，根本没有留意到有一块黑板擦；有的人看到了，把脚轻轻一抬，视有若无地跨过去了；有的人对着挡路的黑板擦骂了一句，泄愤地踢了一脚，大步走过去了。没有一个人想到捡起这只黑板擦。这也是一个考场，是一次没有试卷的考试。考试的结果是：所有人都不及格。

这样的考场，这样的考试，有意无意之中，你经历了多少次呢？从童年到少年，从青年到成年你成长的每一步，人生都在设着一个个考场！只是成绩不是用笔写就的，而是你自己的行为写成的。

在你学走第一步路时，在你学说第一句话时，在你学会写第一个字时，在你经历第一件事时，你亦经历了一次次考试。不经意中，我们经过了无数次考试。或成功，或失败，或跌倒，或胜利，你都是在面对生活中一次次考试并从中磨练自己的才干和人格。

四、你的家庭作业

(1) 继续进行腹式呼吸练习并把练习前后情绪焦虑程度在相应的记录表中打分。

(2) 继续进行放松练习，并把练习前后情绪焦虑程度在相应的记录表中打分。

(3) 自我暗示练习，并把练习前后情绪焦虑程度在相应的记录表中打分。

(4) 识别自己的不合理信念，记录《事件、信念和相应的情绪三栏记录表》。

(5) 暴露练习。

1. 呼吸练习及记录

目标

减慢呼气节奏
减轻焦虑

时间

晨练加晚练

材料

呼吸练习记录表

继续进行呼吸练习（晨练、晚练）。每一次练习，开始练习之前和完成练习之后，在下面的“呼吸练习记录表”里记录你的焦虑情况（分值），这样做的目的：控制呼气练习的速度，回顾练习的进度，评价进步的程度。

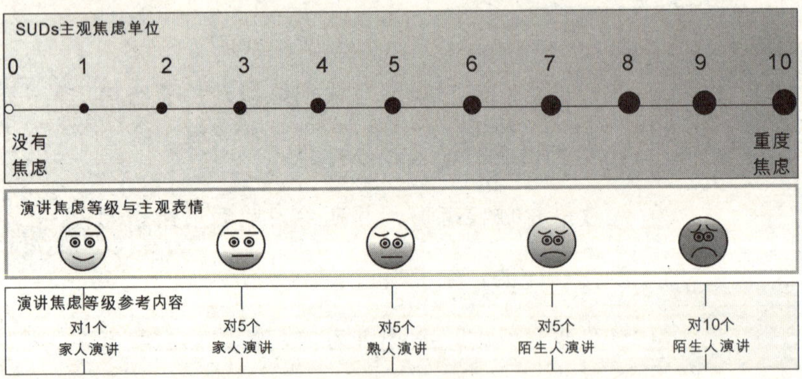

呼吸练习记录表

	晨练		晚练	
	之前的焦虑	之后的焦虑	之前的焦虑	之后的焦虑
第一天				
第二天				
第三天				
第四天				
第五天				
第六天				

2. 放松练习及记录

目标

对抗焦虑

时间

晨练加晚练

材料

放松练习记录表

继续进行放松练习（晨练、晚练）。每一次练习，开始练习之前和完成练习之后，在下面“放松练习记录表”里记录你的焦虑情况（分值），这样做的目的：控制放松练习的速度，回顾练习的进度，评价进步的程度。

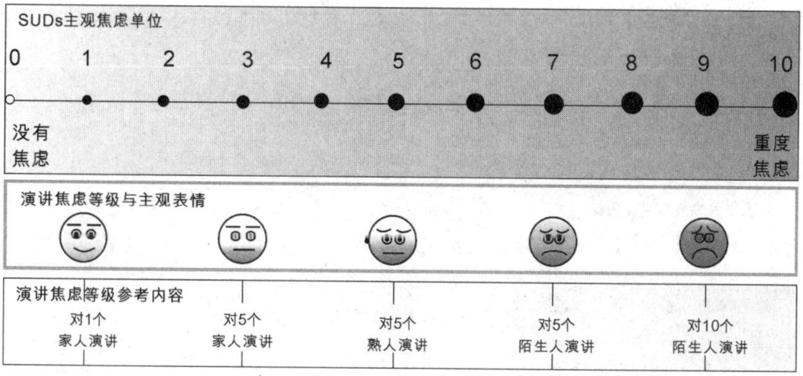

放松练习记录表

	晨练		晚练	
	之前的焦虑	之后的焦虑	之前的焦虑	之后的焦虑
第一天				
第二天				
第三天				
第四天				
第五天				
第六天				

3. 积极自我暗示练习及记录

目标

增强自信心

时间

晨练加晚练

材料

自我暗示练习记录表

继续请练习“我一定行”（46 页）和“我是名优秀的演讲者”（47 页）。开始练习之前和完成练习之后，在下面的“自我暗示练习记录表”里记录你的焦虑情况（分值）。这样做的目的：回顾自信心练习的进度，评价自信心提高的程度。

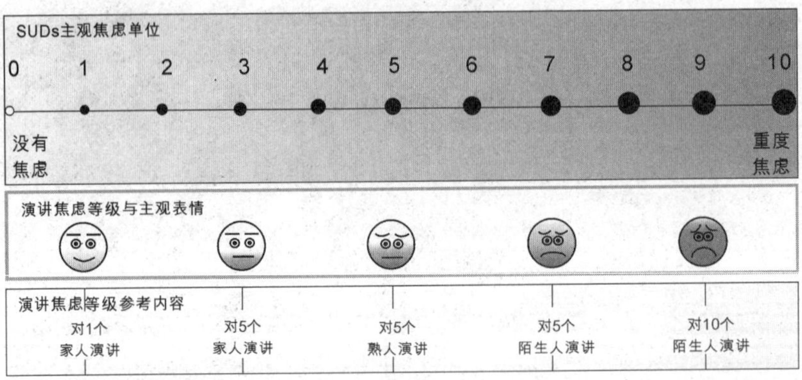

自我暗示练习记录表

	“我一定行”练习		“我是个优秀的演讲者”练习	
	之前的焦虑	之后的焦虑	之前的焦虑	之后的焦虑
第二天				
第三天				
第四天				
第五天				
第六天				

4. 识别自己的不合理信念及记录表

目标

找出自己不合理信念

时间

晨练加晚练

材料

三栏记录表

继续利用“事件、信念和相应的情绪三栏记录表”找出自己的不合理信念和想法。就自己的负面想法和信念，征求支持系统成员的看法，或展开辩论，从中建立新的信念。

时间、信念和相应的情绪三栏记录表

	诱发事件（A）	信念 / 想法（B） 例如：我认为……	情绪和行为结果（C） 例如：我感到……
第三天			
第四天			
第五天			
第六天			

5. 暴露治疗

目标

逐步适应焦虑场景

时间

晨练加晚练

材料

暴露练习记录表

依据自己在焦虑等级表中所处的等级进行练习（暴露治疗），例如在自己的支持系统成员前练习。本次练习的演讲是《人生处处是考场》。每一次练习，开始练习之前和完成练习之后，在下面的“暴露练习记录”里记录你的焦虑情况（分值），这样做的目的：控制暴露练习的速度，回顾练习的进度，评价进步的程度。

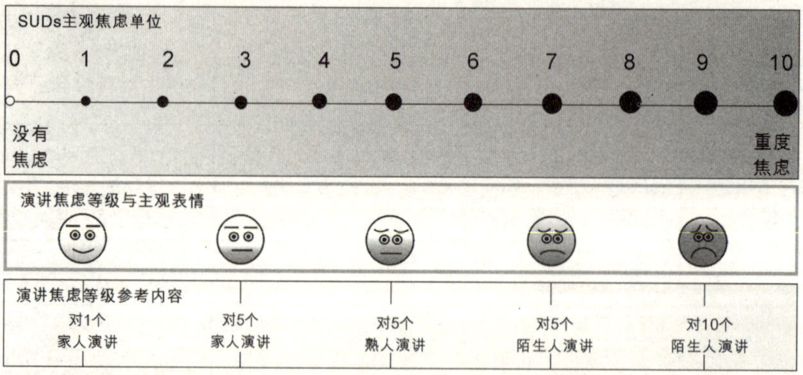

暴露练习记录表

	晨练		晚练	
	之前的焦虑	之后的焦虑	之前的焦虑	之后的焦虑
第四天				
第五天				
第六天				

演讲的基本技能之一：演讲的结构

结构和逻辑是不可战胜的，

因为要反对他们还得要用结构和逻辑

请思考

- 为何乏味的演讲让我们昏昏欲睡，而精彩的演讲让我们兴趣盎然？
- 为什么我们非常注意自己给别人的第一印象？
- 演讲的哪一部分会给我们留下更深的印象？

一、你可能不知道的事实

人脑关机理论

人脑就像电脑一样有自动关机的功能。

人如不受有效的刺激，人的大脑 10 分钟就会自动关机。面对会议或讲座，无聊的开场，乏味的内容、将使听众昏昏欲睡。这就是大脑自动关机理论。

导演们谙熟这个道理。例如故事片的片长通常是 120 分钟左右，一部故事片通常至少设计 6 个故事情节，一般每 10 ～ 20 分钟就要叙述一个故事情节，目的是防止观众失去兴趣，而昏昏欲睡。

不可忽视的头尾

作为演讲者，不管你准备了多少演讲内容，最初的30秒都是最重要的。不要小看这短短的开场白，它将决定此后你所说的每一句话的命运。听众将根据你给他们留下的第一印象来决定是否耐心聆听你的演讲。

如果你已经在开场中抓住了听众的注意力，又通过过渡将之保持下来，那么现在只需再简单地总结一下，就可以深深地呼出一口气了。这种想法是不正确的。

无论你前面的说辞有多么精彩，你的结尾或总结才是最关键的所在；它是你的全篇演讲应该定格的地方。千万不要随随便便将它放弃。正相反，你要尽力将它塑造完美，从而令整篇演讲令人激动不已，难以忘怀。

心理学首因效应与近因效应，反映了人际交往中主体信息出现的次序对印象形成所产生的影响。

首因效应是指人际交往中给人留下的第一印象至关重要，对印象的形成影响很大。在交往过程中，我们对他人最近、最新的认识占了主体地位，掩盖了以往形成的对他人的评价。一般来讲，不熟悉或少见的人之间容易出现首因效应。如何利用首因效应取得良好的印象助事情成功呢？一、当我们初次拜访对方时，服饰着装要得体，尽量提前约好，不做不速之客，要选择对方情绪好的时候谈话，尽量顺应对方，首次拜访交谈时间不宜过长；二、作为被访者时，不要被来访者的首次表现所干扰，盲目下结论。

所谓近因效应：与首因效应相反，是指在多种刺激出现的时候，印象的形成主要取决于后来出现的刺激。一般来说，熟悉的人，如朋友、同学、同事，特别是亲密的人之间容易出现近因效应。例如，一直默契要好的同事或搭档，最近忽然冒犯了你，惹你恼怒，不欢而散。在随后的相处中，你轻则难以高兴，重则反唇相讥，针锋相对，挖苦对方。这是因为最近的事件严重影响了印象的形成，以至于原来的良好印象所剩无几甚至荡然无存。

二、你需要明白的道理

演讲的结构

演讲的结构可以形象地用盖房子做比喻，分为三部分：

开场，好比房子首先要建设的地基；

演讲的主体部分（即演讲的故事部分），就像房子的主体结构，演讲的主要内容将在这部分呈现；

结尾，就好比搭建房顶，这是房子基础建设的最后一道工序，一个房子的特色很大程度上是通过独特的屋顶表现出来的，演讲也是如此。

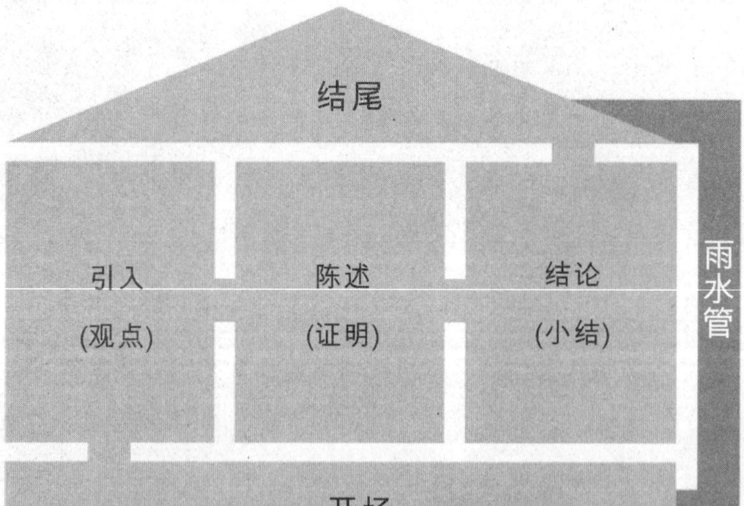

需要说明的一点，精彩的开场和结尾一定要有联系，这种开场和结尾的呼应关系就如同你建房子的雨水管，不可忽视。

演讲三部分的要求

- 开场（如房子的地基）
  - 吸引听众的最佳时机
  - 帮助导入话题
  - 要简洁、得体
- 主体（如房子的主体）
  - 首要是切中话题
  - 其次要有逻辑并简明（使用分级标题）
  - 注意少用术语
- 结束（如房子的房顶）
  - 一定不要忘记结尾
  - 同开场呼应（如雨水管）
  - 回顾或总结关键点

演讲的分类

演讲一般可以分为陈述型演讲和说服型演讲。

陈述型演讲，是为了面向大众陈述一个事件、过程、计划或其他。一般指汇报演讲等。

说服型演讲，是为了某一种或多种目的通过演讲渲染一种气氛，通过逻辑性的演讲达到演讲要说服的行为目的。

说服性演讲难度更大，美国心理学家霍夫兰关于公众态度改变的研究对说服型演讲的提示：

○ 用正面理由，还是正反两方面理由？

依照霍夫兰的观点，如果对方本来就赞同说服者的意见，只讲正面理由可以坚定其原有的态度。如果对方原先或当时反对说服者的主张，把正反两方面的理由都说出来，比只讲一面理由更好。如果对方教育程度高，说出两方面的理由更为有效；如果对方教育程度低，说一面理由较好，若说出正反两方面的理由，反而可能导致他会犹豫不定。

○ 问题的排列技巧：

问题的排列秩序在改变公众的态度时显得比较重要。首先提出的问题，可以引起公众注意，有利的气氛的形成；最后提出的问题有利于公众记忆。

有利说服的排序技巧：先讲听众赞同的或可能接受的观点；先唤起听众的需求，然后再提出问题。

如何准备一个精彩的演讲

ABC 理论

- Analyze your audience

  分析你的听众

- Build your story

  构建你的故事（或演讲的主体）

- Construct your messages

  组织你的信息，这部分内容将在下节讲述。

分析你的听众

- 首先要了解听众的层次：
  - 谁是首要的听众，谁是次要的听众
  - 谁是决策者，谁是利益相关者
- 其次分析他们：
  - 知识背景
  - 地位
  - 经验
  - 态度
  - 期望
  - 参与度
  - 关心的事情
  - 兴趣

构建你的故事（主体）

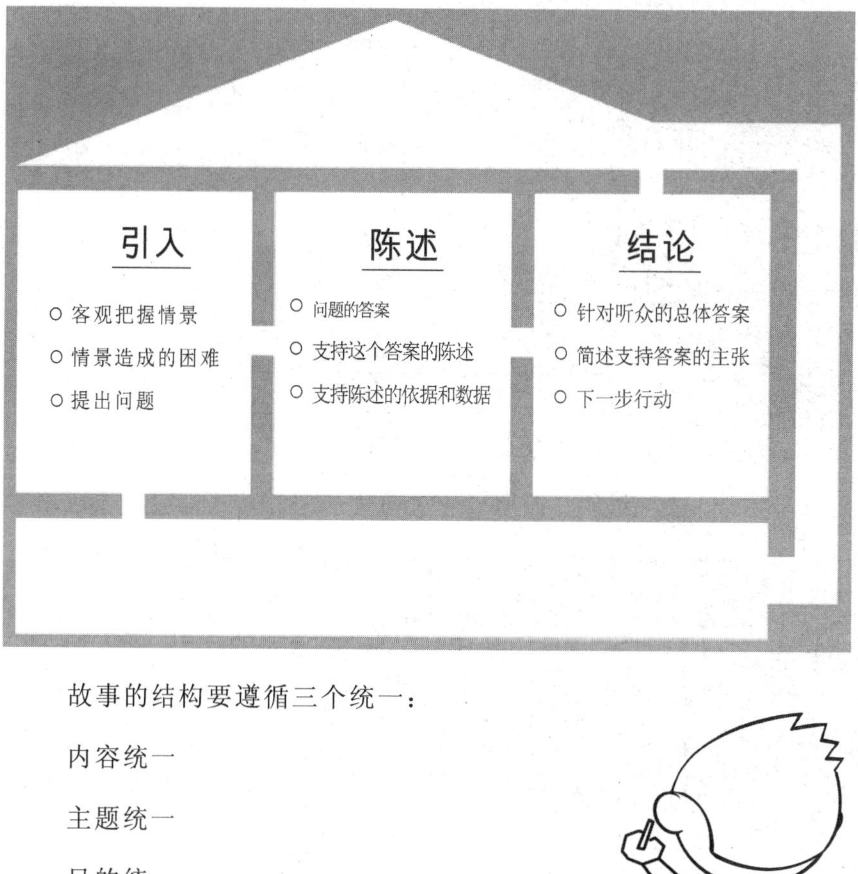

故事的结构要遵循三个统一：

内容统一

主题统一

目的统一

故事组成的架构图

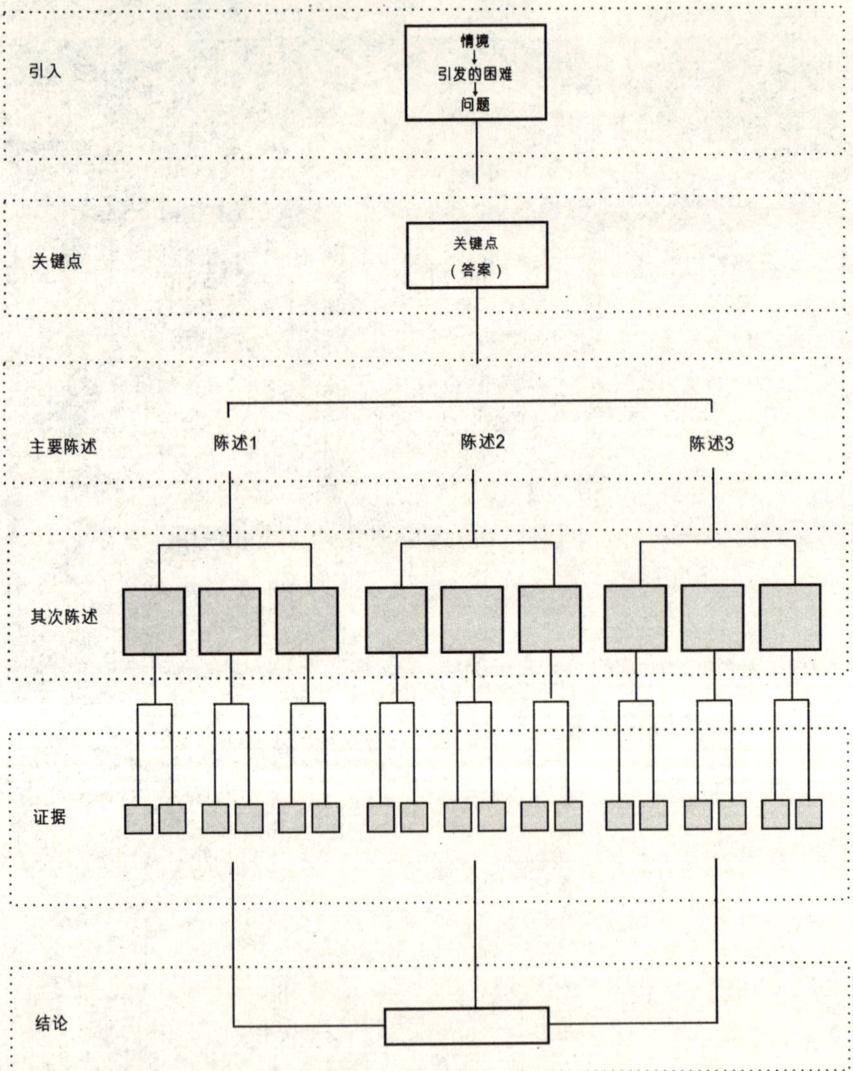

“三”的法则

人们通常只会记住你演讲中的三部分或者三件事或者三个要点。因此让听众有深刻印象的演讲要围绕“三”构建你演讲内容。

演讲中尽可能将观点列为三点进行表达。列为三点这种方式已经从过去沿用至今，它们熟练的被政治家用来销售他们的理念，因为他们深知“三的法则”的价值。

有关“三的法则”趣闻就是丘吉尔盛名的“血、汗和泪水”的演说，人们普遍认为他当时说的是：我能奉献的唯有血、汗和泪水，实际上他说了什么呢？“我能奉献的唯有血、汗、辛劳和泪水”，因为“三的法则”我们仅仅只记住了血、汗和泪水。

会议发言的常见现象，无话可说的人很少，把话说散了的人太多。面对一个宽泛议题进行演讲，讲话者不能聚焦主题，讲的内容支离破碎，听众听后不知所云，这是个普遍的现象。

另一种普遍现象是拿着方案书这样的信息来讲话，因为那些厚厚的方案书有着多层信息结构，听众不可能听你讲完 2.1.3 之后再听你说“第二部分的第一点之后的第四小点”。你这样讲，不论你心里多么清晰，都会把听众搞乱。

在演讲中“少即是多”。如果你有四个要点需要被理解，最好去除一个，因为听众很难记下第四个。在演讲中“少即是多”，没有人因一场演讲太过简短而抱怨。

“三的法则”有效地帮助你精炼演讲的故事结构。

演讲的节奏及注意力曲线

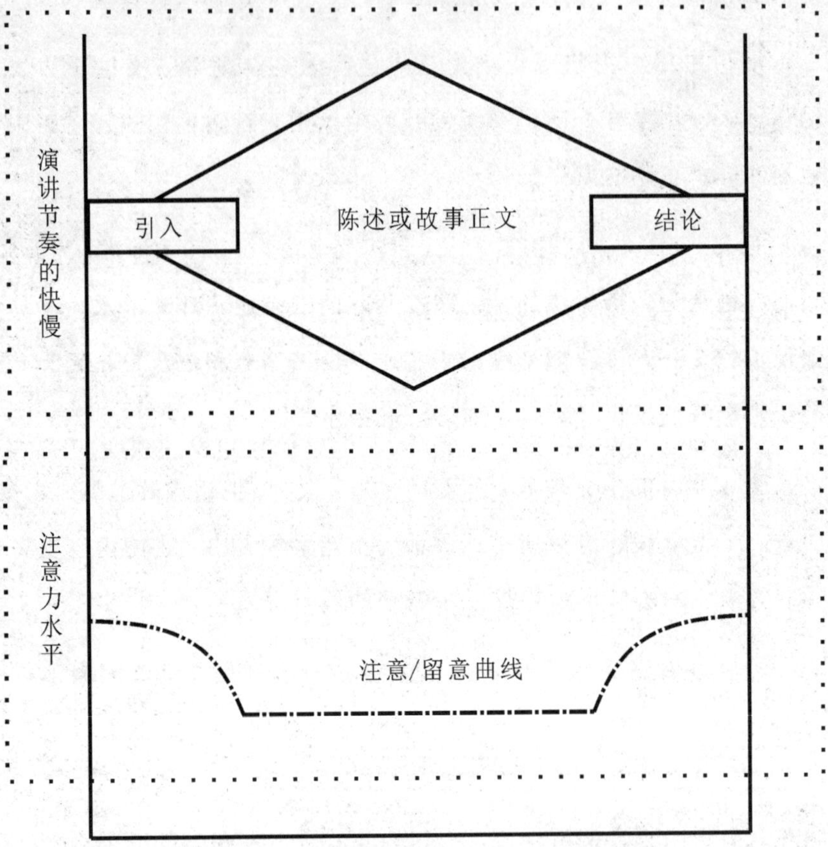

图的上半部分利用图的宽度表示三部分内容的快慢节奏。

图的下半部分表示这三部分需要引起听众注意力强度的。

该图示既可以描述故事内容的节奏，同样适用于开场、主体和结尾的节奏。

举例

请比较下面同一个话题的两个开场白。

一个普通的开场：

“嗯……大家好，我是今天的演讲者，李××，我演讲的话题是‘让您增加20年寿命的方法’。”

另一个吸引人的开场：

“女士们、先生们：首先请允许我问大家一个问题，您愿意再增加20年的寿命吗？如果愿意，那么请您在伸手去拿咸盐瓶之前三思。我是李××，今天我将与大家共同探讨10个非常简单而且已经被证明了的能够使您增加20年寿命的方法”。

关于开场和结尾

关于开场

开场是你给听众献上的开胃菜，不是要你一定要做到十全十美，这仅是试探、激发听众兴趣并向下一步骤推进的铺垫阶段。如果你一开始就没有抓住听众的兴趣，接下来的时间你将非常尴尬，也许再用3分钟的时间也无法弥补听众对你的信心，因为人们的兴奋点不会持续很久。你可以利用多种手段丰富自己的开场，例如：视频，图片等等。

关于结尾

人们记忆最深刻的是什么呢？是他们最后听到的内容。但是却很少有人愿意在结尾上修饰更多。他们仅仅是轻描淡写地草草收场，结果可想而知，费尽口舌发表的长篇大论很快就被人们遗忘。要想使人记忆深刻，你的结尾必须像开场一样气势磅礴，掷地有声。

有些讲话者在尚未结束其讲话之前就已经开始收拾讲台上的材料了，这是演讲的一个禁忌。其实，真正出色的讲话者这时一定会节省精力，全神贯注地注视着台下的听众直到最后。好的总结就像一道大餐后的甜点，让人赏心悦目、回味无穷。

开场和结尾一定要前后呼应，否则就像你盖的房子无雨水管一样，导致整篇演讲失去一个“圆满”的逻辑。

也可以把一篇完美的演讲结构形象地比喻为虎头、猪肚、凤尾。

三、你必须要做的

选择什么的内容做起步练习？

练习演讲要从最熟悉的内容开始。

所谓最熟悉的领域，并不是你自己所学的专业等，因为你可能并不精通这些内容，只是大概了解。这些貌似熟悉的内容反而是你上台紧张最严重的领域。

所谓最熟悉的领域，应该是你不但全部知情、并且能够自己完整操作的，是你知道其中各种细节的，是你能够准确执行、完成并且很大程度上能控制的，从这样的领域开始练习登台演讲，效果才好。

你最熟悉的题目是《如何从我家到我的单位》。

介绍《如何从我家到我的单位》。其中细分为坐地铁、坐公交、打出租车等不同的方式，也可包含搭乘过程的细节，比如，要在哪里等车，到达单位的是哪个站点，沿途的风景等等。这个练习，演讲内容是你熟悉透了的，所以不必分心，于是可以专心表现、设计、反思自己讲话的能力。

这节练习《如何从我家到我的单位》，你还需要设计一个开场和一个结尾。

另外注意，面对自己支持系统成员，要大声演讲，要站着讲，不要对着镜子练习。

关于演讲停顿：

演讲焦虑者非常担心的一个问题是演讲停顿，认为这是自己演讲不流畅的表现。

如何理解演讲中的停顿？

停顿是演讲的一部分，停顿具有相当重要的作用：

(1) 停顿是演讲者调节气息的需要和结果。

(2) 停顿是准确、鲜明、生动地表达语言内容的需要，它可以起到显示语句层次和结构的作用。

(3) 停顿可以起到强调、突出重点的作用。

(4) 停顿可以控制语速、调整语句的节奏，造成抑扬顿挫的旋律美感。

(5) 停顿可以加强演讲表达效果，控制会场秩序，增强演讲者和听众的交流、沟通。

(6) 停顿是一种语言技巧，同时也是为满足听众生理和心理需要服务的一种艺术手段。

所以你不要担心停顿，根据以上的作用要善于运用停顿。

内在语的运用

有些停顿并不是故意设计的，而是由于紧张，就是说不出第一个词，这也是演讲焦虑者面临的一种情况。我们引入播音专业的技术—发语性内在语，帮助演讲焦虑者能够顺利说出第一个词。

内在语是帮助播音员主持人把稿件变成自己想要说的话，使思想感情丰富起来的内部技巧之一，对播音表达的直接引发和深化含义有极为重要的意义。

发语性内在语，就是在呼台号之前，在节目、稿件、层次、段落、语句之间加上适当的词语作为开头，在我们内心播出来，并与稿件原来开头的词语自然地衔接，将其带发出来。例如，在呼台号之前加发语性内在语：

- （各位听众，我们这里是）中央人民广播电台！
- （青年朋友，俗话说）少壮不努力，老大徒伤悲……
- （您知道吗，观众朋友）在最祖国西南边陲的密林深处，有一座边防哨卡……
- （各位听众，大量科学研究表明）演讲焦虑并不是个别现象……

在演讲中，对段落的开头感觉比较突兀呆板，很难发音时，我们在前面加一个称呼语，问候语或一个疑问短语来带发，就较容易找到自然的语气，重点是通过顺带发出第一次词。

从心理学角度，这是利用我们的思维和语句的惯性带出我们有困难的开头语，也类似于潜意识的暗示作用。

四、你的家庭作业

(1) 继续进行腹式呼吸练习并把练习前后情绪焦虑程度在相应的记录表中打分。

(2) 继续进行放松练习，并把练习前后情绪焦虑程度在相应的记录表中打分。

(3) 自我暗示练习，并把练习前后情绪焦虑程度在相应的记录表中打分。

(4) 识别自己的不合理信念，记录《事件、信念和相应的情绪三栏记录表》。

(5) 暴露练习。

1. 呼吸练习及记录

目标

减慢呼气节奏
减轻焦虑

时间

晨练加晚练

材料

呼吸练习记录表

继续进行呼吸练习。

每一次练习，开始练习之前和完成练习之后，在下面的“呼吸练习记录表”里记录你的焦虑情况（分值），这样做的目的：控制呼气练习的速度，回顾练习的进度，评价进步的程度。

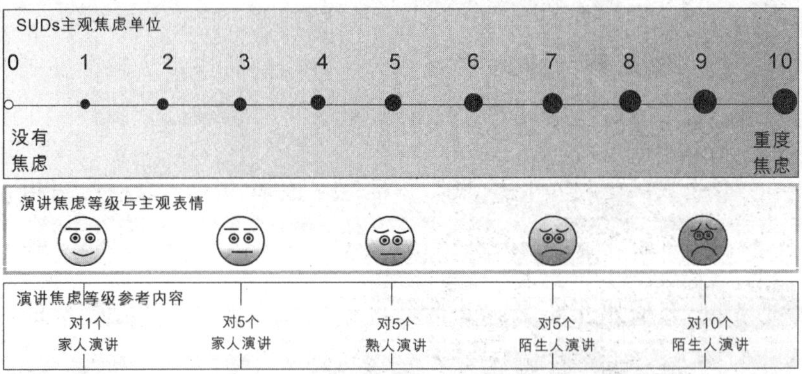

呼吸练习记录表

	晨练		晚练	
	之前的焦虑	之后的焦虑	之前的焦虑	之后的焦虑
第一天				
第二天				
第三天				
第四天				
第五天				
第六天				

2. 放松练习及记录

目标

对抗焦虑

时间

晨练加晚练

材料

放松练习记录表

继续进行放松练习。

每一次练习，开始练习之前和完成练习之后，在下面“放松练习记录表”里记录你的焦虑情况（分值），这样做的目的：控制放松练习的速度，回顾练习的进度，评价进步的程度。

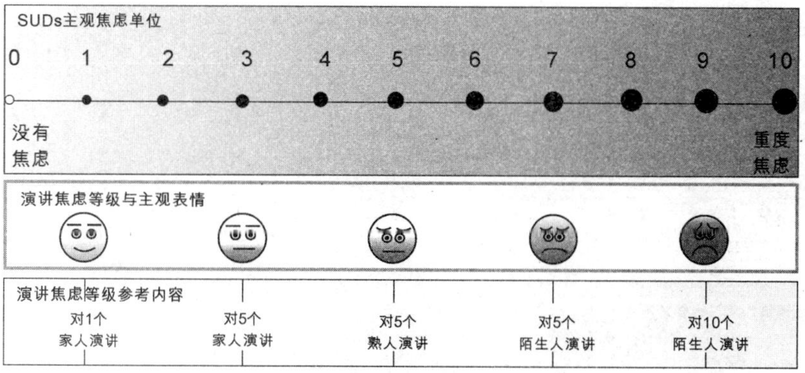

放松练习记录表

	晨练		晚练	
	之前的焦虑	之后的焦虑	之前的焦虑	之后的焦虑
第一天				
第二天				
第三天				
第四天				
第五天				
第六天				

3. 积极自我暗示练习及记录

目标

提高自信心

时间

晨练加晚练

材料

自我暗示
练习记录表

继续请练习“我一定行”（46页）和“我是个优秀的演讲者”（47页）。开始练习之前和完成练习之后，在下面的“自我暗示练习记录表”里记录你的焦虑情况（分值）。这样做的目的：回顾自信心练习的进度，评价自信心提高的程度。

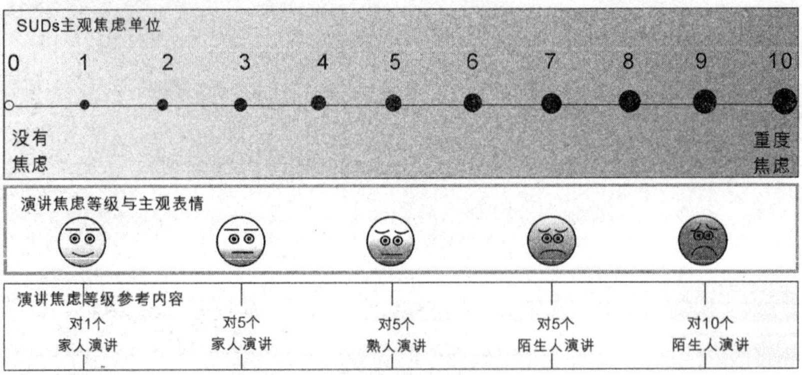

自我暗示练习记录表

	“我一定行”练习		“我是个优秀的演讲者”练习	
	之前的焦虑	之后的焦虑	之前的焦虑	之后的焦虑
第二天				
第三天				
第四天				
第五天				
第六天				

4. 识别自己的不合理信念及记录表

目标

认知治疗

时间

晨练加晚练

材料

三栏记录表

继续利用“事件、信念和相应的情绪三栏记录表”找出自己的不合理信念和想法。就自己的负面想法和信念，征求支持系统成员的看法，或展开辩论，从中建立新的信念。

时间、信念和相应的情绪三栏记录表

	诱发事件（A）	信念／想法（B） 例如：我认为……	情绪和行为结果（C） 例如：我感到……
第三天			
第四天			
第五天			
第六天			

5. 暴露治疗

目标

暴露练习

时间

晨练加晚练

材料

暴露练习记录表

自己组织一篇演讲练习，按照演讲的三层结构组织。

依据上次练习的焦虑等级，本次练习要在自己的焦虑等级表中提高1～2等级进行练习。注意演讲的结构，特别是开场和结尾。

每一次练习，开始练习之前和完成练习之后，在下面的“暴露练习记录”里记录你的焦虑情况（分值）。

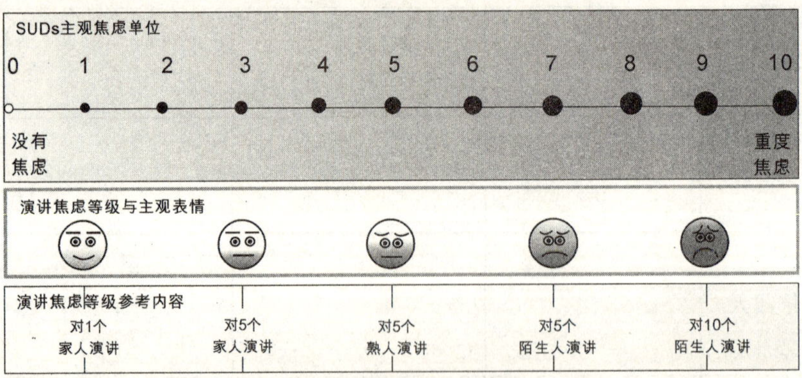

暴露练习记录表

	晨练		晚练	
	之前的焦虑	之后的焦虑	之前的焦虑	之后的焦虑
第四天				
第五天				
第六天				

演讲的基本技能之二：
演讲的辅助工具

一幅好的插图胜过千言万语

请思考

- 听众在演讲中是主要靠听获得信息吗？
- 演讲为何要尽可能使用视觉化？
- 在演讲和培训中，如何避免听过就忘，并让听众更多地掌握演讲内容？
- 演讲中的停顿会影响演讲的效果吗？

一、你可能不知道的事实

演讲的三要素

有效演讲的三要素

语言元素	声音元素	视觉元素
• 字 • 句子 • 问题 • 语言 • 内容的组织形式	• 音量 • 音质 • 吐字 • 连贯性 • 语音 • 语调 • 语速	• 形象 • 仪容 • 姿势 • 面部表情 • 手势 • 眼神 • 肢体语言 • 位置移动 • 视觉辅助工具

研究数据

听众在演讲中是主要靠听获得信息吗？研究表明这是不正确的。经过很多研究最终发现：

- 通过文字获得的信息占 7%
- 通过声音获得的信息占 38%
- 而 55% 的信息是通过图像获得的

声音 38%	文字 7%	图像 55%

通过上述信息我们不难发现，你只是单纯地讲，那么你的演讲只使用了 38% 的表达渠道，即你的声音。

视觉化的表达方式是听众获得信息的主要途径，在演讲中应尽可能多地使用。

演讲效果的对照实验

实验研究发现使用视觉化的幻灯片会给信息保留带来显著效果，而且相当惊人（见下图）。

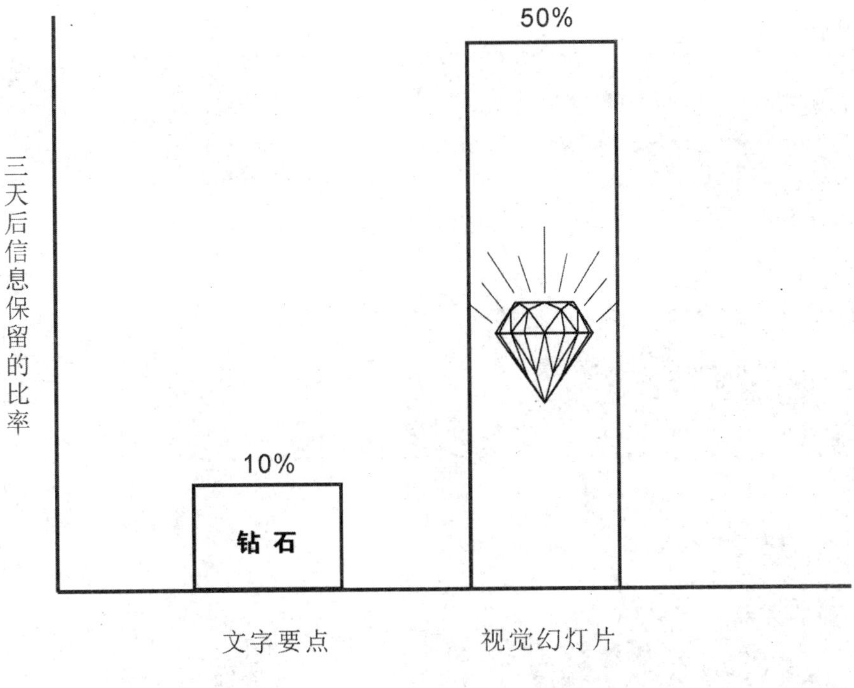

古代人的一句老话“一图抵千言”，现实中依然有效。在演讲中使用了视觉化效果，可以增加一倍的机会实现自己的目标。

如何提高讲授内容的掌握程度？

请参考“提升掌握度技巧的金字塔图”（见下图）。

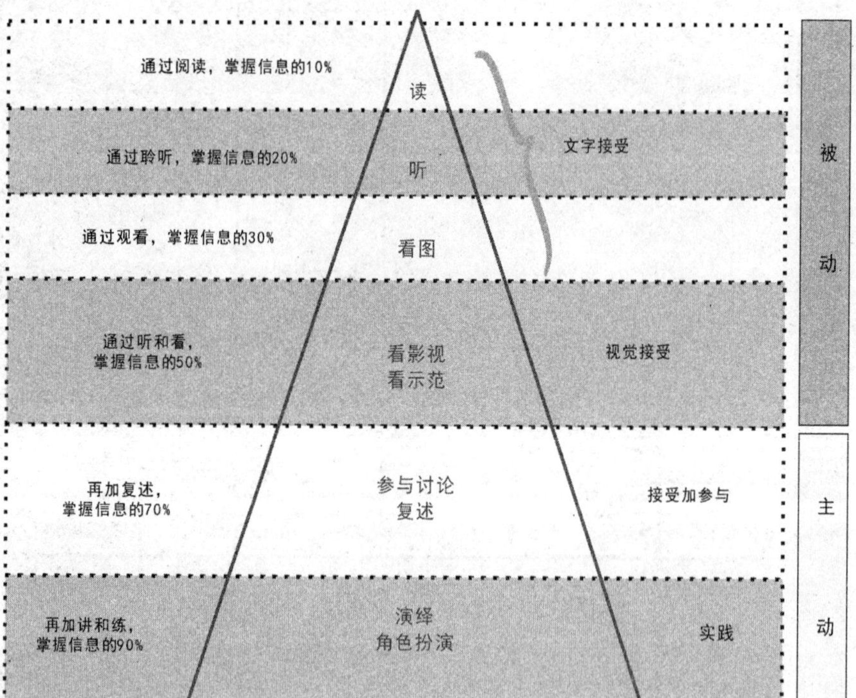

二、你需要明白的道理

使用 PPT 的基本原则

PowerPoint（PPT，投影工具）是最主要的视觉工具，也是我们最常使用的。

(1) 不要读幻灯片给听众听；

(2) 让你的文字大一些；

(3) 文字只需 4 ～ 6 行，注意留白；

(4) 选择让观众容易阅读的字体颜色；

(5) 使用点式短语，不用完整句子；

(6) 注意用图，图标要切题，避免图表难以理解。

(7) 在使用投影仪播放幻灯片时，最忌讳演讲者站在投影的光线中，（培训师的一个基本原则：见光“死”）。

最重要的是要记住：是你控制陈述，而不要让它控制你。PowerPoint 应该是一个视觉工具，而不是演讲的全部。

制作或编辑 PPT 技巧

1. 统一的模版和风格

母版设计：设置统一的主题颜色、字体和效果，添加标志、页码等。

2. 个性化课件的目录

目录作为课件的灵魂，有着极其重要的作用。一个好的清晰简明的目录，可以让听众对你演讲的结构了如指掌。

3. 显示标尺、参考线和网格

显示幻灯片窗格的顶端和左侧的标尺，标尺会根据幻灯片上的选中对象（ 文本、文本框或形状 ）而改变。

参考线是指水平和垂直方向的非打印直线，用于直观对齐对象。网格是用于对齐对象的一系列相交线。参考线和网格能简化对齐对象的工作，因为它提供了与对象和幻灯片相关的视觉提示。使用网格有助于更精确地对齐对象，特别是在互相对齐的情况下。

4. 关闭“吸附到网格”功能

这样可以避免组件的四条边始终与网格对齐，以便你可以更加灵活地进行布局。

5. 其他注意要点

字体大小（不宜小于 0.7cm 正方）；标题、次标题，可用粗写字体或斜体；颜色搭配最多不宜超过 4 种；四周留白有 1 ～ 2cm；动画制作不宜太花哨。

CRAP 原则

PPT 视觉设计时遵守四个基本原则（CRAP）：

- 对比 (contrast)：

对比的基本思想是，要避免页面上的元素太过相似。如果元素（字体、颜色、大小、线宽、形状、空间等）不相同，那就干脆让它们截然不同。要让页面引人注目，对比通常是最重要的一个因素。

- 重复 (repetition)：

让设计中的视觉要素在整个作品中重复出现。可以重复颜色、形状、材质、空间关系、线宽、字体、大小和图片等。这样一来，既能增加条理性，还可以加强统一性。

- 对齐 (alignment)：

任何东西都不能在页面上随意安放。每个元素都应当与页面上的另一个元素有某种视觉联系。这样能建立一种清晰精巧而且清爽的外观。

- 邻近 (proximity)：

彼此相关的项应当靠近，归组在一起。如果多个项相互之间存在很近的亲密性，它们就会成为一个视觉单元，而不是多个孤立的元素。这有助于组织信息，减少混乱，为读者提供清晰的结构。

用一个例子来实践这四项原则，如右上图。这个设计使用圆体字体，让人感觉友好、亲近；标题字号是36-point，内容字号是30-point，清晰而且简练；标题和内容也有两行的间距。这个PPT设计基本可以。

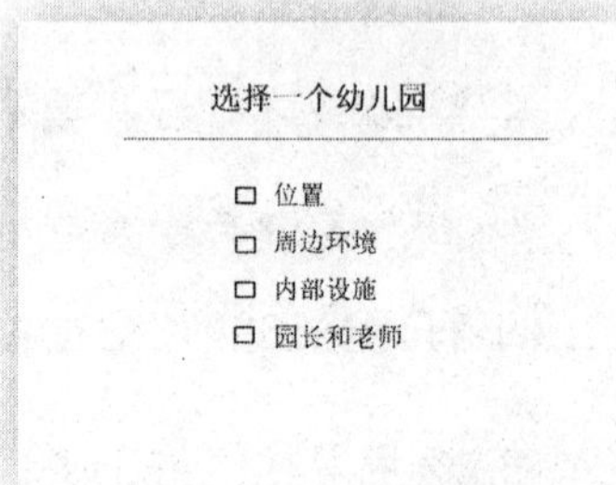

还有哪些不足呢？主要问题是平淡，不吸引眼球。因为这个设计未遵照设计的四项原则。

在对比上，标题和内容的字号差异不大。

在重复上，虽然使用了重复的符号（方框），但不显著。

在对齐上，尽管内容是整齐的，但它与标题和下划线都未对齐，这是内容采用居中放置的结果，一般不建议内容居中。

在相邻上，标题和内容的第一行空间太大，内容的行间距也有些大，内容部分未形成一个视觉单元，有一种还有第5条内容的错觉。

按照CRAP的原则，改进的设计如右下图。

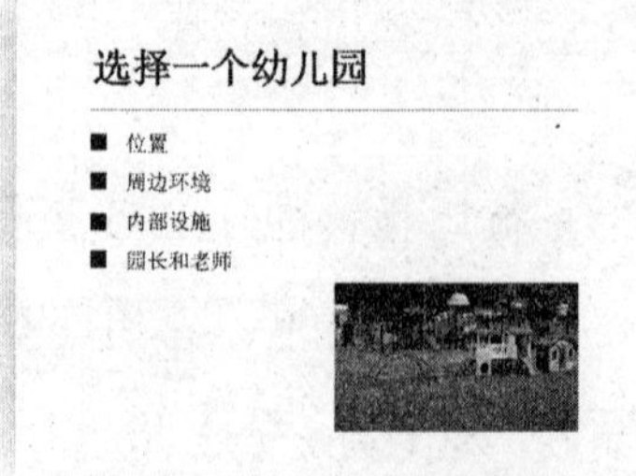

三、你必须要做的

个性化你的 PPT 课件

当你使用投影仪做演讲时，如果你的 PPT 是听众曾经看到过的，听众想到“我曾经看到过这个模版”，这不仅是个尴尬的视觉展示，而且是失败的视觉展示，直接影响你的演讲质量。

使用电脑带的模板，你要冒这个风险。自己制作个性化的 PPT 可以避免这种情况。

请参照网上教程，学习模版的制作。

带宽理论

一般人思考的速度是每分钟 800 个单词，而一般演讲者每分钟只能讲 200 ～ 300 个单词，因此在做演讲中，要让听众用多出来的时间接受更多的信息或做些有趣的事情，这是带宽理论。

专业的、精美的、个性化的 PPT 会帮助你占有听众多余的思考时间。

播放 PPT 的技巧

(1) 快速放映：无需点击菜单栏中“观看放映”选项，直接按 F5 键，幻灯片就开始放映。

(2) 快速停止放映：除了按“ESC”键外还可以按“-”键，快速停止放映。

(3) 快速显示黑屏，或从黑屏返回到幻灯片放映：在放映中如果你想显示黑屏，此时你只要按一下 B 或者“.”键，就可以实现。此时再重复按一下 B 或者“.”键，又可从黑屏返回到幻灯片放映。

(4) 显示白屏，或从白屏返回到幻灯片放映：按 W 或者“，”键，就可以从放映状态切换到显示白屏，再重复按一下 W 或者“，”键，又可从白屏返回到幻灯片放映。

(5) 隐藏和显示鼠标指针：放映时鼠标指针老是出现在画面上可能会让人感觉不舒服，此时按 CTRL+H 就可以隐藏鼠标指针；反过来按 CTRL+A 隐藏的鼠标指针又会重现。

(6) 返回到第一张幻灯片：你只要同时按住鼠标的左右键 2 秒以上，就可以从任意放映页面快速返回到第一张幻灯片。

(7) 放映过程中也可以在幻灯片上书写：在幻灯片的放映过程中，有可能要在幻灯片上写写划划，你可以使用注释笔。其方法：首先在幻灯片放映窗口中单击鼠标右键，依次选择“指针选项”、“绘图笔”即可，用画笔完成所需动作之后，再按 ESC 键退出绘图状态。

笔记本电脑连接投影仪的基本技巧：

(1) 首先，用VGA视频线连接电脑和投影仪，然后投影仪上就会出现当前笔记本电脑上的画面。但现在很多超极本已经没有VGA的视频线接口，取而代之的是hdmi的高清线接口，这需要准备一条HDMI-VGA的接线。苹果笔记本需准备minidispay转VGA连接线。以下内容针对的是WIN7、8操作系统。

(2) 随后，在桌面空白处右键，点击“屏幕分辨率”选项，然后再点击“连接到投影仪”。

(3) 这样就打开了相关的设置选项。我们可以使用快捷键进行操作，win+P键，即可快速开启投影仪显示的有关设置。

(4) “仅计算机”意思是投影仪上将不会显示图像，计算机将不会输出图像到投影仪。“仅投影仪”，意思就是计算机将会关闭自己的显示器上的图像输出，在某种情况下有利于节能。至于“复制”，是指投影仪和电脑上的显示输出内容一样；还有一个拓展功能，我们可以将一个显示器上的图像输出放到两个显示器上，也可以对这两个不同的显示器进行不同的分辨率调节，需要我们自己根据实际需要进行调节。

一款创新的演示软件——Prezi

Prezi 是一款通过缩放操作使演示更加生动有趣的演示文稿软件。它打破了传统 Powerpoint 的单线条时序，采用系统性与结构性一体化的方式来进行演示，以路线的呈现方式，从一个物件忽然拉到另一个物件，帮助使用者开拓思路，使观点之间的联系更加明确清晰。配合旋转等动作，演示富有视觉冲击力。使用者既可以在 Prezi 网站上在线创建编辑，也可以在客户端（Windows、Mac、ipad、iphone）上离线编辑制作。

Prezi 采用故事板（storyboard）格式让演示者可以缩放图片，通过快捷的动画演示信息关键点。zoom out 就能纵观全局，zoom in 则可以明察细节。体现由整体到局部的 Mindmap（脑图）式的开放性思维方式。

除了平移和缩放，Prezi 还支持图片、视频、PDF 等各种媒体素材的嵌入，可以多人在线编辑，生成的演示文稿既可以在本地观看，也可以上传到服务器或嵌入网页在线查看。

更多介绍请访问其英文网站：https://prezi.com/

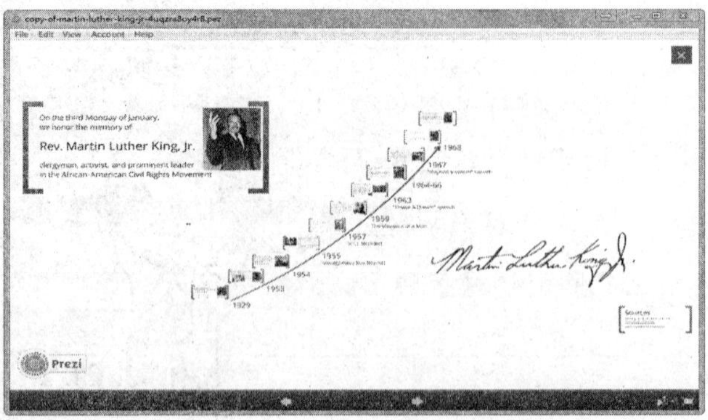

用 Prezi 制作的马丁·路德金的生平简介。演示画面的特点：形象、简洁、直观。演示动画效果非同凡响（你只有到网站去体验）。

演讲记事卡的个性化

演讲最忌讳的是读稿，全篇幅背下来预先准备的演讲稿也是太不现实的，那么如何才能给听众留下特别专业和自信的印象？答案是用PPT（前面已经讲述），用记事卡片。

记事卡片是帮助演讲者熟悉内容、掌控节奏的有效工具。

⑴ 在卡片左上角标上顺序数字，这样就可以一眼看当前参考的卡片是如何排列的，避免顺序出乱。例如 1/35（当前页/总页数）。

⑵ 除首尾两张卡片外，在其余卡片上面只写内容的关键词。目的是提醒你注意需要提到的演讲重点，这样不仅不会显得外行，可能还会很好地辅助演讲的整体效果。

⑶ 在卡片第一张和最后一张写上完整地句子。比如，如果演讲是有关“持续不懈的努力要比一次性的冲刺赢得更有意义”这么一个主题，并且希望提乌龟和兔赛跑的故事来做开场白的，可以在卡片第一张写下自己的开场白：我将以一个你们大家可能在小时候都听过的童话故事做开头介绍：兔子和乌龟赛跑。那么同样道理，最后的一张卡片应该写的是总体概括演讲结尾的“punch line”（一针见血的见解）：在以上所讨论的一些内容中，总结下来，我们可以知道乌龟是因为一直努力不懈而成了最终的赢家。

⑷ 用颜色笔标记出你需要强调的用词。

举 例：

演讲记事卡格式

页号：　/　　　　演讲的题目

要点：

计划的姿势/视觉辅助工具/小道具

目光交流　　声音响度　　微笑

四、你的家庭作业

⑴ 继续进行腹式呼吸练习，并把练习前后情绪焦虑程度在相应的记录表中打分。

⑵ 继续进行放松练习，并把练习前后情绪焦虑程度在相应的记录表中打分。

⑶ 自我暗示练习的每天练习，并把练习前后情绪焦虑程度在相应的记录表中打分。

⑷ 识别自己的不合理信念，记录《事件、信念和相应的情绪三栏记录表》。

⑸ 继续进行暴露练习。

1. 呼吸练习及记录

目标

减轻焦虑

减慢呼气节奏

时间

晨练加晚练

材料

呼吸练习记录表

继续进行呼吸练习（晨练、晚练）。每一次练习，开始练习之前和完成练习之后，在下面的“呼吸练习记录表”里记录你的焦虑情况（分值），这样做的目的：控制呼气练习的速度，回顾练习的进度，评价进步的程度。

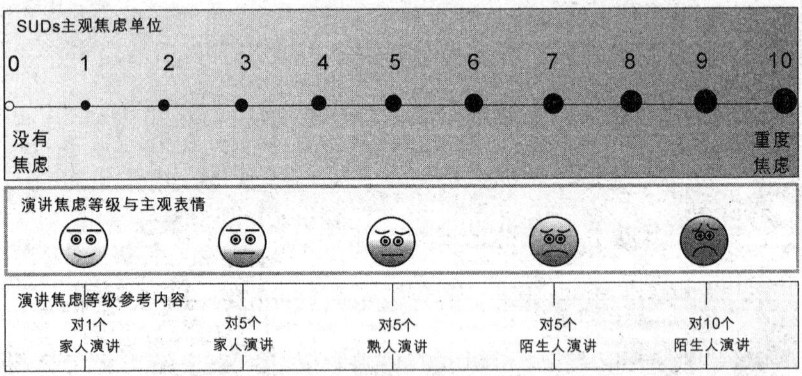

呼吸练习记录表

	晨练		晚练	
	之前的焦虑	之后的焦虑	之前的焦虑	之后的焦虑
第一天				
第二天				
第三天				
第四天				
第五天				
第六天				

2. 放松练习及记录

目标

对抗焦虑

时间

晨练加晚练

材料

放松练习记录表

继续进行放松练习（晨练、晚练）。每一次练习，开始练习之前和完成练习之后，在下面“放松练习记录表”里记录你的焦虑情况（分值），这样做的目的：控制放松练习的速度，回顾练习的进度，评价进步的程度。

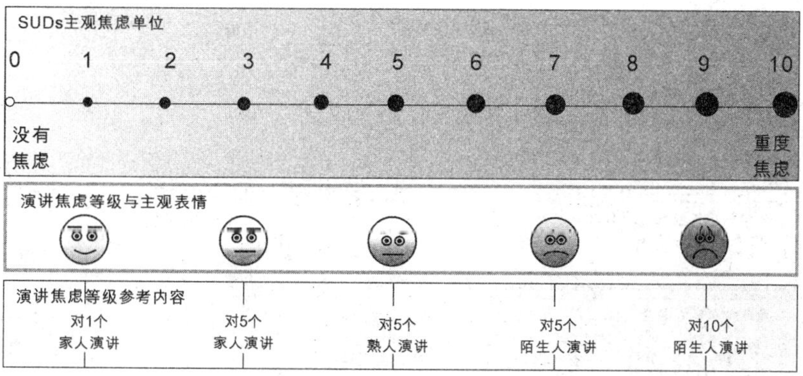

放松练习记录表

	晨练		晚练	
	之前的焦虑	之后的焦虑	之前的焦虑	之后的焦虑
第一天				
第二天				
第三天				
第四天				
第五天				
第六大				

3. 积极自我暗示练习及记录

目标

增强自信心

时间

晨练加晚练

材料

自我暗示
练习记录表

继续请练习“我一定行”（46 页）和“我是个优秀的演讲者”（47 页）。开始练习之前和完成练习之后，在下面的“自我暗示练习记录表”里记录你的焦虑情况（分值）。这样做的目的：回顾自信心练习的进度，评价自信心提高的程度。

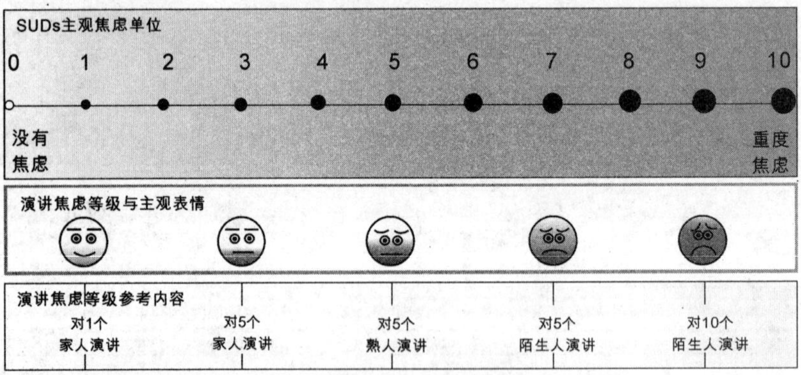

自我暗示练习记录表

	“我一定行”练习		“我是个优秀的演讲者”练习	
	之前的焦虑	之后的焦虑	之前的焦虑	之后的焦虑
第二天				
第三天				
第四天				
第五天				
第六天				

4. 识别自己的不合理信念及记录表

目标

认知治疗

时间

晨练加晚练

材料

三栏记录表

继续利用“事件、信念和相应的情绪三栏记录表”找出自己的不合理信念和想法。就自己的负面想法和信念，征求支持系统成员的看法，或展开辩论，从中建立新的信念。

时间、信念和相应的情绪三栏记录表

	诱发事件（A）	信念 / 想法（B） 例如：我认为……	情绪和行为结果（C） 例如：我感到……
第三天			
第四天			
第五天			
第六天			

5. 暴露治疗

目标

暴露练习

时间

晨练加晚练

材料

暴露练习记录表

用PPT组织一篇文章进行演讲练习，按照PPT制作的原则组织内容。

依据上次练习的焦虑等级，本次练习要在自己焦虑等级表中提高1～2个等级。也可以在自己的支持系统成员前练习这一篇演讲，注意视觉辅助工具的使用原则。每一次练习，开始练习之前和完成练习之后，在下面“暴露练习记录表”里记录你的焦虑情况（分值）。

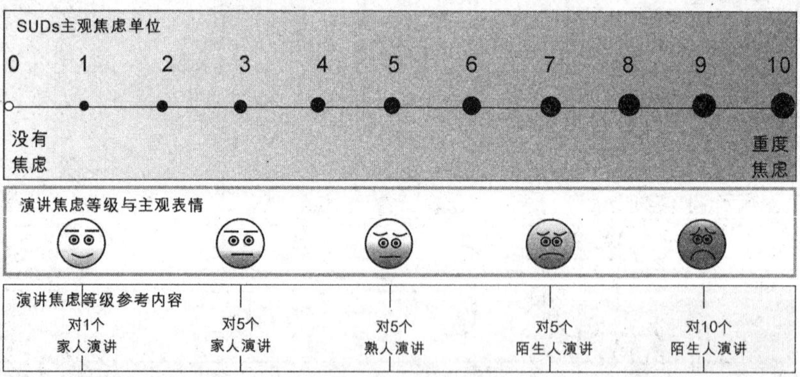

暴露练习记录表

	晨练		晚练	
	之前的焦虑	之后的焦虑	之前的焦虑	之后的焦虑
第四天				
第五天				
第六天				

回顾＋巩固

简单的事情重复做，你就是专家；

重复的事情用心做，你就是赢家

请思考

- 大脑有可能越用越笨吗？人越来越笨吗？
- 记忆有什么规律？
- 多长时间可以养成一个习惯？
- 应对演讲焦虑的工具箱及其原理？

一、你可能不知道的事实

成人学习曲线

各年龄学习力分布图

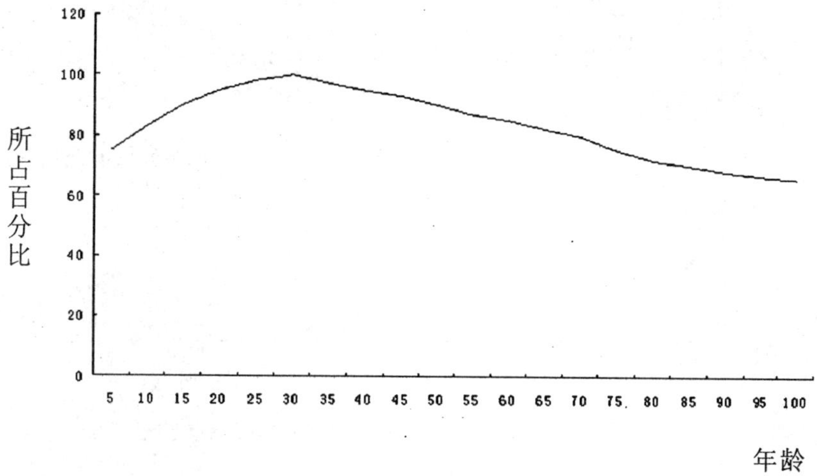

日本学者研究发现 125 岁大脑还没有停止生长；

20 ～ 45 岁记忆力是最佳状态；

30 岁学习力达到最高值，50 岁仍然占 90%，70 岁仍保持 80%；

大脑的发育是人体所有器官中持续时间最长的，要到 40 以后，才真正全部发育完整。

记忆曲线

如果只接触某一信息1次，一年后脑子将记得10%；如果接触6次，回忆率将上升到90%。要想记住某一信息必须进行重复、复述及复习，这就是重复提高记忆的理论。

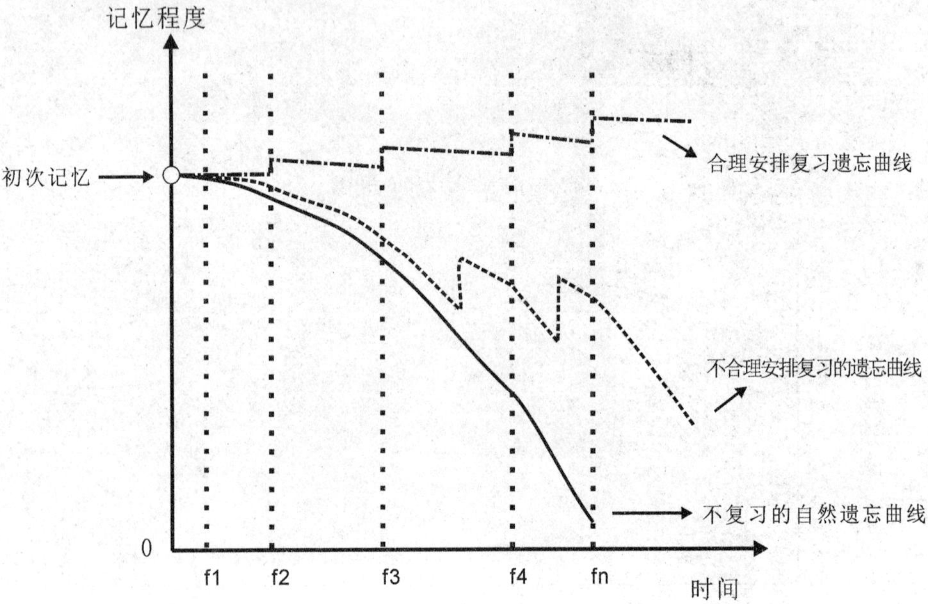

f1，f2,……fn 是遗忘临界点

这条曲线告诉人们在学习中的遗忘是有规律的，遗忘的进程很快，并且先快后慢，即“先快后慢”的原则。观察曲线，你会发现，学到的知识在一天后，如不抓紧复习，就只剩下原来的25%。随着时间的推移，遗忘的速度减慢，遗忘的数量也就减少。因此，记忆曲线向我们充分证实了一个道理，学习要勤于复习，而且记忆的理解效果越好，遗忘的也越慢。

记忆力和年龄有什么关系？人会越老越笨吗？

美国心理学家卡特尔将智力分为流体智力和晶体智力两大类。

流体智力是一种以生理为基础的认知能力，凡是对事物的知觉、记忆、运算速度和推理等能力，均属流动智力。这些能力大多是先天的。

晶体智力是经验的结晶，它是过去对流体智力应用的结果，大多是后天学习的结果。如词汇和计算方面的能力。

流体智力和晶体智力通常都参与到任何活动中，其中流体智力是晶体智力的基础。流体智力的发展与年龄有密切的关系。一般人在20岁以后，流动智力的发展达于顶峰，30岁以后将随年龄的增长而降低。流体智力属于人类的基本能力，在个别差异上，受教育文化的影响较少。晶体智力则是以学得的经验为基础的认知能力。凡是运用既有知识与所学技能去吸收新知识或解决问题的能力，均属晶体智力。显然，晶体智力与教育文化有关。

智力并不因年龄增长而降低，甚至有些人因知识与经验的累积，其晶体智力反而呈随年龄增长而升高的趋势。

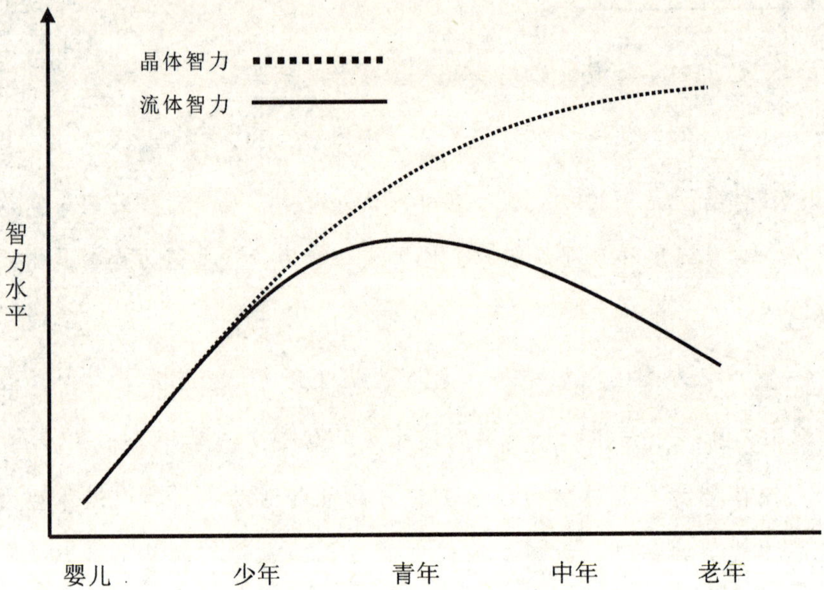

晶体智力和流体智力变化图示

对于晶体智力来说，只有“用进”没有“废退”。越用脑，有效经验越多，晶体智力会持续累积步步高升，直到老年期的某一个因人而异的节点后，因为脑功能的退缩，才会开始下降。在你一生的大部分时候，晶体智力是“越用脑越聪明”的。

二、你需要明白的道理

新焦虑并不是复发

培训治疗后，部分演讲还会有焦虑出现，这是复发吗？为什么？

首先肯定新的焦虑并不是复发。

其次要理解再发的焦虑是新的焦虑。这是因为我们的每次演讲都是不同的，比如涉及新内容，遇到新环境，还有更高的期望值等等，这些变化引起的焦虑并不是原来焦虑的复发，而是我们逐步改善过程的一部分。

在培训治疗过程中，期望和要求在一步步的提高，在更高的期望下出现的焦虑是我们演讲提高过程的一种必然现象。

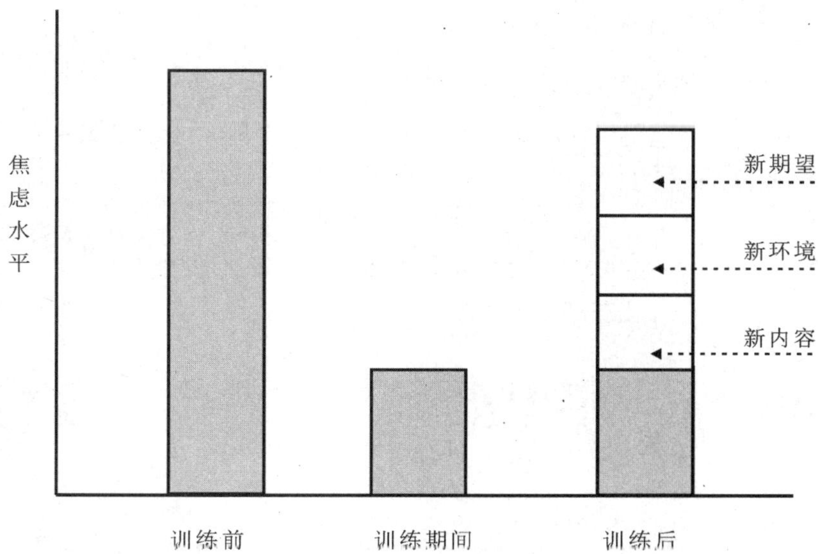

面对新焦虑，请牢记以下几点：

- 是正常的，可以预期的。
- 并不危险，也不是失败的信号。
- 可以当做一次改变和自我纠正的机会。
- 不要把再次的焦虑当做治疗后的复发（而是当做这是改善过程的一部分）。
- 不要用原来消极或不合理信念去刺激。
- 不要怀疑自己已取得的进步。

再次遇到新焦虑的应对策略

再次遇到新焦虑的应对工具箱（五个工具）

(1) 腹式呼气技术（减慢呼吸）。

(2) 放松技术（放松肌肉，对抗焦虑）。

(3) 自我暗示（①我是一个优秀的演讲者；②这个内容，我成功地演讲过）。

(4) 合理信念（①演讲很难完美；②回避不但无济于事，而且使自己丧失了机会）。

(5) 演讲技能（记录卡片，PPT 等，属于暴露训练中的技能）。

应对演讲焦虑工具机理图

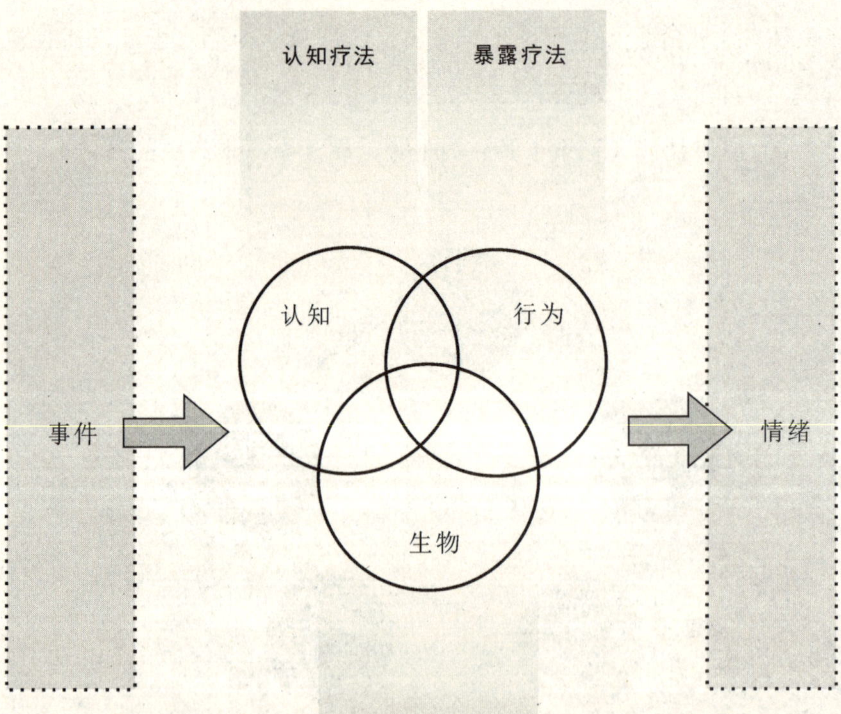

举例介绍三个具体场景中降低紧张的小技巧

场景	降低紧张的技巧
工作中 项目介绍	• 往小处想（想的更细致） • 聚焦你演讲的 2 ～ 3 关键点 • 每个关键点可以讲个例子（牢记一点：讲太多的机会等于没有机会）
会议的问答 环节提问题	• 问题简练 • 尽快地提问（三分钟的焦虑比半小时的煎熬要好） • 大声、自豪地问，就像你对会议室里最远的那个人说话（可以掩饰你声音的紧张）
致祝酒词	• 事前准备 • 编个小故事（有头、身、尾。比如讲你敬佩的一个人的有意义故事），这种方法避免忘记你要讲的内容 • 讲心里话（肺腑之言），避免把致辞变成你的观点立场

决心的坚持和习惯的形成

不少人爱在年初下决心：

戒烟、戒酒、少花钱、坚持健身……，可这些决心能坚持多久？

英国一项调查显示，四成调查对象的新年决心撑不过半个月，只有不到一成调查对象能坚持决心半年以上。

坚持决心比想象更困难。

如何更好地坚持决心？专家给出几个小贴士。

第一是不贪多，只选一件事，一件能对生活产生较大影响的事。落实决心时，先坚持 1 周，逐渐延长挑战时间。

第二是从易到难。譬如练习演讲，不能一开始就要求自己一天就能流畅演讲。如果你决心练习演讲，不妨从练习呼吸简单的锻炼开始。如果你计划收拾家，就从一个抽屉开始。

第三设定积极的心理暗示。心理学研究显示，自己在心里默念：不吃蛋糕，不吃蛋糕……，其结果可能反而吃得更多。你要多用肯定句取代否定句，可以多想想：多吃蔬菜、多吃水果。

第四可以寻求外援帮助自己坚持决心。相关心理学研究结果显示，在朋友的鼓励和监督下，坚持决心的成功率大大提高。

如何从决心升华到习惯，或者多长时间可以形成一个习惯？

简单地回答是，21 天可以初步帮助你塑造一个习惯。

21 天养成习惯

据研究，大脑构筑一条新的神经通道需要 21 天时间。所以，人的行为经过 21 天以上的重复，会形成习惯，而 90 天以上的重复，会形成稳定的习惯。习惯的形成大致分为三个阶段：

第一阶段：1 ～ 7 天。此阶段的特征是“刻意，不自然”。你需要刻意提醒自己的改变，因此会觉得有些不自然、不舒服。

第二阶段：7 ～ 21 天。不要放弃第一阶段的努力，继续重复，跨入第二阶段。此阶段的特征是“刻意，自然”。你已经觉得比较自然、舒服了，但一不留意，还会回到从前，因此，你需要不断地提醒自己。

第三阶段：21 ～ 90 天。此阶段的特征是“不刻意，自然”，其实这就是习惯。这一阶段被称为“习惯的稳定性”。一旦跨入此阶段，你已经完成了自我改造，这种习惯已经成为你生活中的一个组成部分，它会自然而然的为你效劳。

演讲焦虑者逃避或回避演讲或讲话是 个坏习惯，坏习惯就像一条太多漏洞的破船，任你想尽办法，也无法阻止它下沉，那么你为何不弃船逃生呢？改变一个坏习惯不要着急，而你要像下楼梯一样，一步一阶，慢慢去改。要改变你的坏习惯，最有效的方法之一就是实行 21 天法则。

在这 21 天当中，每天每时每刻，你心中所想、口中所言、行为所至，都要专心扮演你想成为的人。你的每种态度，都要符合你心目中理想人物的要求。

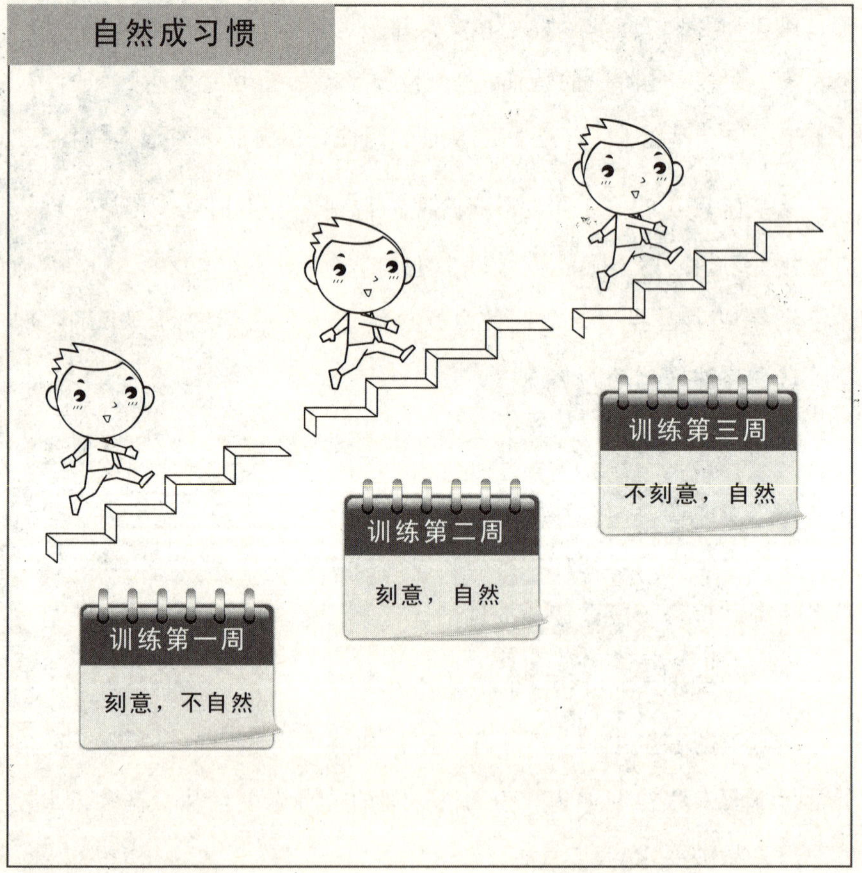
自然成习惯
训练第一周
刻意，不自然
训练第二周
刻意，自然
训练第三周
不刻意，自然

三、你必须要做的

一周训练的回顾分析

回顾各部分的分值结果

回顾呼气、放松、自我暗示、暴露训练，把训练前的焦虑分值，用四种颜色的笔分别填入下图，并连接出折线图，评价进步的程度。同样把训练后的焦虑分值填入另一张图中，连接折线图。

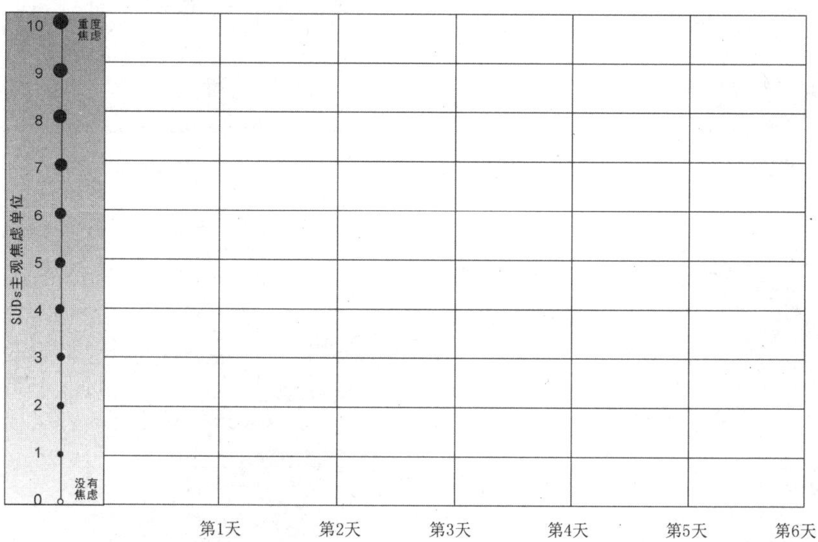

一周小结：

一周小结：

同训练前相比，这 6 天的治疗训练对演讲焦虑的改善结果如下：

0 无改善； 1 部分改善；2 大有改善；3 超出预想的改善

经过 6 天的训练，每天训练前的焦虑分值折线图如下：

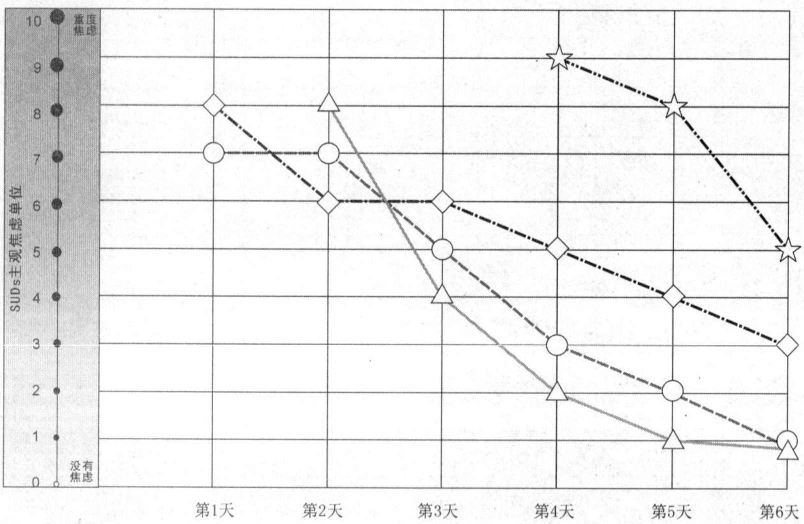

一周小结：　　　　　　　　2，大有改善

○ 呼吸练习的焦虑分值　◇ 放松练习的焦虑分值　△ 自我暗示练习的焦虑分值　☆ 暴露练习的焦虑分值

演讲的排练

排练、排练再排练

我们看到无数的人把时间花费到幻灯片制作上，而疏忽了演讲前适当的训练。有句亘古不变的俗语说的好：“如果你不做准备，那就准备失败吧。”演讲前进行排练会达到一个好的效果。

如何区分精彩的演讲和平庸的演讲？排练，排练，再排练就能够把两者区分开来。

为了 iPhone 的首次的发布会，为了这场 90 分钟精彩的演讲，在发布会现场，在搭建舞台的那几天，乔布斯一直反复练习、反复排演。

发布会乔布斯练习场景

正式发布会现场

排练的基本原则

1. 至少4次大声的排练

我们建议你在演讲前最少排练4次，这样你能够准确把握字里行间的意思。很多让人失望的演讲，大多是因为缺少反复的练习和排练。

确保你的练习至少有一次是在那些会让你惊慌失措的观众面前进行，例如家人、好朋友、伙伴、同事、还有孩子。他们不仅会明确指出你的错误，而且还会向你提供所需的帮助。

2. 训练控制时间

如果你要做一个短时间的演讲，那么试着通过练习控制你的演讲时间，你可以通过增加或删除内容来让时间变得合适。

3. 熟记你的演讲稿

丘吉尔普遍被人们认为是世界上最伟大的演说家之一。他用6周的时间准备在英国国会下议院的第一次演讲，并对演讲的内容了然于胸。

4. 给自己录像或录音

想提升你的练习效果，有一个简单易行的方法，就是把你练习演讲的过程录下来（录像或录音），通过观看录像或听录音会给你最直接的反馈，能够帮助你找到自己演讲的优缺点。

模拟排练

请大声读、诵一篇文章（比如一段自我介绍）。

自我介绍是较常使用的开场演讲。请撰写自我介绍（场景一：作为一个单位的员工向另一单位的员工做介绍。场景二：向单位内的新员工介绍自己），在自己的支持成员面前大声脱稿介绍自己。

下面是一篇培训师关于“自我介绍”的演讲：

各位朋友，大家好！我是某某。

有句话说得好，这个世界上没有陌生的人，只有还没有来得及认识的朋友。

朋友是天，朋友是地，有了朋友才能顶天立地；朋友是风，朋友是雨，有了朋友才能呼风唤雨。人脉就是钱脉！朋友就是资源！

结交朋友从自我介绍开始，一方面要学会用最好的方法介绍自己的名字，让别人能够一听就记住您的名字；另一方面又要学习用最快的方法记住别人的名字，下次再次见面时一下子叫出别人的名字，那会给别人特别的印象！

介绍好自己的名字——让别人记住您！

叫出别人的名字——让别人感激您！

从念稿演讲到脱稿演讲

为什么说脱稿演讲效果更好呢？有脑、眼、手、框四方面的理由。

⑴ 好在脑。常言说，心无二用。说的是人在一个时空点上脑子只能想一件事。读稿时，脑子要高度紧张的看文字，念字发声，害怕念错，就不容易出现形象生动的画面，所以读出来的语言就容易平淡，不生动。脱稿演讲时，脑子在组织语言时有生动形象的画面出现，有画面，就会触景生情，语言自然容易生动形象，抑扬顿挫。

⑵ 好在眼。读稿，眼睛要一直看着文稿，无法和观众进行视觉交流；脱稿演讲，眼睛不用看稿子，能够一直看观众。眼睛看观众有三个好处：一是可以让眼睛说话，眉飞色舞，表达自己的喜怒哀乐；二是可以和观众进行眼神交流，传达自己对他们的关注和善意；三是可以观察观众反应，及时调整自己的思路和语言。

⑶ 好在手。读稿要用手拿稿子，双手就无法手舞足蹈，没办法做出丰富有力的肢体动作；脱稿演讲则可以解放双手，手舞足蹈。演讲时有个二八规则，就是说视觉效果占八，听觉效果占二。眼不能看观众，手不能做动作，80% 的效果就没了。

⑷ 好在无框。写出文字稿，讲究结构严谨，语言准确，并且有字数限制，不能超时。一旦你要读稿时，文字稿就形成了一个框框，框住了思维和语言。而脱稿演讲时，有个大概提纲，在讲的时候可以现场调整思路和时间，还可以结合现场情况增减讲话内容。

如果你只是为了讲话不出错，你就可以读稿；如果你想让自己的讲话声情并茂，吸引人，那就要脱稿。当然，从读稿到脱稿，这就要经过刻苦的训练和反复的排练。

四、你的家庭作业

(1) 把你前 6 天填写的呼吸及放松记录表合并到这张“21 天好习惯培养评分表”中。

(2) 继续进行腹式呼吸练习和放松练习，并把练习的质量记录在 21 天好习惯培养评分表中。

(3) 继续进行自我暗示练习，并把练习的质量记录在 21 天好习惯培养评分表中。

(4) 识别自己的不合理信念，并把继续练习的质量记录在 21 天好习惯培养评分表中。

(5) 继续暴露练习，并把练习的质量记录在 21 天好习惯培养评分表中。

21 天好习惯培养评分表

“21 天好习惯培养评分表”（见下图），不是记录主观焦虑分值，而是记录各个项目每次练习的完成情况（质量），未完成 0 分；已完成 1 ～ 5 分。1 分为低质量完成；3 分为中等质量完成；5 分为满分，为高质量完成。

"21天" 好习惯培养评分表												
				好的开始=成功了½								
励志名言	训练方法	明确目标	时间	刻意，不自然								
(自我激励)	（原理）	(量化它)	（开始日）	1	2	3	4	5	6	7	8	9
早起的鸟儿有虫吃	早起 晨练、晨读	7:00 AM										
早起早睡精神百倍	早睡 晚练、晚读	10:30 PM										
若要不紧张呼吸帮你忙	腹式呼吸	3组										
若要说的轻松身体先要放松	放松练习	3组										
精彩演讲我能做到	自我暗示	3遍										
演讲是练出来	合理信念	3遍										
有的放矢地练	暴露训练	3遍										
有技巧地练	演讲技巧训练	3篇文章										

小贴士：

你可以在 www.goodbyepsa.com 网站下载该表（excel 格式），表中已自动设置六个（0 ~ 5）评分。

每天进步一点，坚持就是胜利！												习以为常		
刻意，自然												不刻意，自然		
10	11	12	13	14	15	16	17	18	19	20	21	30天 达成	60天 回顾	90天 追踪

成功，就是简单的事情反复做。之所以有人不成功，不是做不到，而是不愿意去做简单而重复的事情。

所以，想克服演讲焦虑，成为一名优秀的演讲者，只要你开始按一定的套路去训练，并每天坚持不懈地练习下去，你就达成一个目标，即成为一名优秀的演讲者。

简单的事情重复做，你就是专家；

重复的事情用心做，你就是赢家。

附 录

“演讲焦虑治疗屋”

这部分由书的第7天的内容构成。习惯是通过重复训练得到巩固形成，重复训练是反复扩容领悟的过程。这一阶段的训练要避免单调乏味。

自信的达成指标是：面对演讲焦虑，你能够控制自己的情绪，认可你就是自己的治疗师。

这两部分领悟贯穿全书，三大模块训练之目的是提升演讲焦虑的领悟水平。高度领悟的时候就是问题解决的时候。

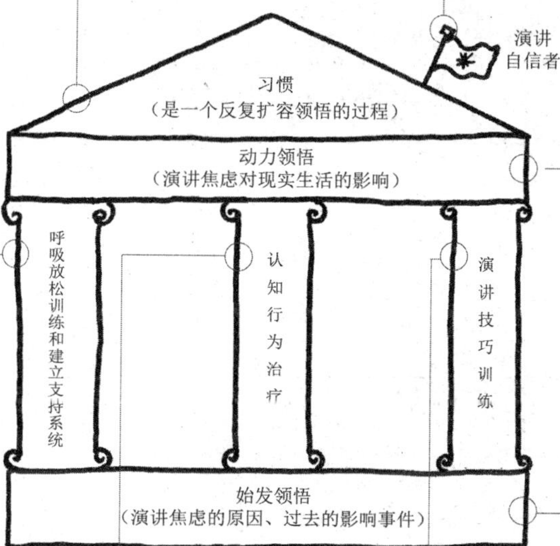

这部分由书的第1和第2天的内容构成。指导呼气训练和组建自己的支持系统。

这部分由书的第3和第4天的内容构成。通过认知重建和逐级暴露训练来降低焦虑。

这部分由书的第5和第6天的内容构成。通过演讲技巧和辅助工具的训练来强化讲者的演讲技能。

演讲焦虑“瀑布训练法”

	第一天	第二天	第三天	第四天	第五天	第六天	第七天
呼吸+放松							
自我暗示							
合理信念							
暴露训练							
演讲技巧							
视觉工具							
复习+巩固							

考考你（第一部分），针对公众演讲，下面的陈述对吗？它是常见的误解吗？

⑴ 在说服性的演讲中，你的说服观点和工具一定是有逻辑的和有证据的。

⑵ 优秀的演讲者很少会紧张。

⑶ 视觉工具虽然好，但不是演讲必须的。

⑷ 演讲者一定是他（她）所讲内容领域的专家。

⑸ 红色是非常醒目的颜色，强调标题、图表、数据等。

⑹ 听众会认为男性演讲者比女性更可信。

⑺ 讲演前发放讲课内容册子，可以强化听众的注意力。

⑻ 在一个小的会议室，听众都是坐着的，演讲者应该站着讲。

⑼ 穿颜色亮丽的衣服，佩戴饰品可以增加演讲者的影响力和可信度。

⑽ 只有精通公众演讲的人才能做演讲。

“考考你”的解答，请访问 www.goodbyepsa.com 网站阅览

考考你（第二部分），针对公众演讲，下面的陈述对吗？它是常见的误解吗？

⑴ 尽管使用支持材料作解释对澄清问题和定义是必要的，但过分应用将导致演讲乏味，无趣。

⑵ 因为第一印象是非常重要的，所以在正式切入正题前，你应该自我介绍。

⑶ 在你演讲时，面对一个对演讲不感兴趣的听众，最好采用互动方式，并改变音调。

⑷ 用一个纲要勾画出你的想法是个很好点子，即使是在未深入主题之前。

⑸ 在告知性演讲（或提供信息式演讲）中，应尽可能地应用数据，因为用数据支持主张观点的演讲，让人记忆深刻。

⑹ 演讲者使用的记录卡片是海报的一种，你可以作为演讲视觉工具。

⑺ 如果你有演讲焦虑，直接告诉听众你的紧张，这是个好主意，因为听众会宽容你，你也会更放松些。

⑻ 最好在演讲记录卡上写上所有的句子，这样你就不会忘记内容了。

⑼ 在公众场合演讲时，尽管担心内容有剽窃，但作为在教室里讲，这种担心有些过分，因为没有人会知道。

⑽ 构思你的演讲，主体部分约占你全部演讲时间的50%。

考考你（第三部分），针对公众演讲，下面的陈述对吗？它是常见的误解吗？

(1) 使用视觉工具的主要原因是娱乐你的观众。

(2) 如果你能用文字在听众脑海里描述一个景象，那么视觉工具就没有必要使用。

(3) 一个听众只有听完你的演讲介绍后，才能判断你的演讲是否有趣。

(4) 在你演讲时，你应该注视听众的头，或者面对 1 ～ 2 个注意听的观众讲。

(5) 用白板或黑板作为视觉工具是不错的选择，应为你熟悉使用，你并需要练习。

(6) 为使视觉工具更加吸引观众，可以运用多种颜色和不同的面板。

(7) 你应该避免使用“带色”的言语，因为一些听众可能反感这些而不再愿意听你的演讲。

(8) 如果你感觉大声练习演讲有点尴尬或不方便，那么在头脑中过一遍也是同样的效果。

(9) 你应该在你的视觉工具里全部使用粗体字，以便于观众阅读。

(10) 如果你有不错的记忆力，那么把演讲背下来比理解性的讲演（可能会有部分内容遗漏）要好。

考考你（第四部分），针对公众演讲，下面的陈述对吗？它是常见的误解吗？

(1) 演讲的开场介绍要足够的长，否则会让讲者感觉不太重视。

(2) 幻灯片制作成色彩的，这样更容易说服观众。

(3) 在问答环节后，很重要的一点是重新强化听众对演讲结论的感觉。因此，在结束问答环节后，及时总结，使听众能记住演讲的结论。

(4) 在使用证据时，简单说明证据的出处会使你的演讲更具说服力。

(5) 为了改变听众的想法，讲述听众喜欢的东西，这样投其所好的演讲是不道德的。

(6) 严谨的逻辑可以说服多数听众。

(7) 如果你感觉自己缺乏可信度，你可以通过使用专业化的视觉工具来提升自己的可信度。

(8) 在告知类演讲中，避免使用幽默是聪明的作法，除非你是个专业的演艺人员或者你具有丰富的经验。

(9) 演讲开始的基本程序是：你走上讲台，停顿几秒，开始介绍你的话题和目的，然后再讲吸引大家注意力的段子。

(10) 如果要讲证据的出处，在讲证据前，先说出处会更有说服力。

“考考你”的解答，请访问 www.goodbyepsa.com 网站阅览

参考文献

[1] Cheryl Hamilton. *Essentials of public speaking*. Wadsworth Publishing Co Inc; 2nd edition.

[2] Oeil. T.P.S. A group cognitive behavior therapy program for anxiety, fear and phobias. *A Therapists Manual*, CBT Unit, Brisbane.

[3] David Burns. *When panic attack: the new, drug –free anxiety therapy that can change your life.* Three Rivers Press.

[4] Edmund J. Bourne. *The anxiety and phobia workbook*. New Harbinger Publications; 5th Revised edition.

[5] http://www.uwstout.edu/counsel/speechanxiety.cfm.

[6] http://www.publicspeakinginternational.com/how-to-give-a-speech/.

[7] http://www.stresscure.com/jobstress/speak.html.

[8] http://iveronicawalsh.wordpress.com/2012/06/22/using-cbt-to-deal-with-public-speaking-anxiety/.

[9] http://www.behavior.net/forums/cognitive/1996/msg789.html.

[10] http://en.wikipedia.org/wiki/Subjective_units_of_distress_scale.

结束语

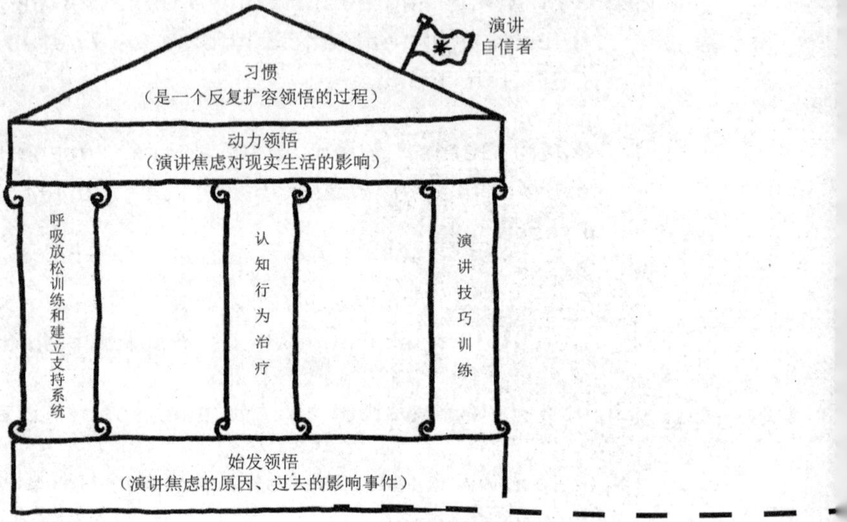

在美剧中，当特工处在紧要关头时，他们通常会去一个地方——安全屋。安全屋是敌人攻击不到，有弹药、有急需补充物资的地方。

同理，在把自己修炼成为一名自信演讲者的征途中，伴随你的“演讲焦虑治疗屋™”，无疑是你每次化解演讲焦虑的“安全屋”。在阅读本书后，它将是帮助你成为自己的治疗师的工具箱（注：自己是自己最好的治疗师）。请牢记它、领悟它、使用它。它会在你需要的时候陪伴你、支持你、帮助你。

本书“术语”
作品著作权声明

术语：

演讲焦虑治疗屋

演讲焦虑瀑布训练法

演讲焦虑测量尺

再见演讲焦虑

七天控制你的公众演讲焦虑